Der Höhepunkt der Eleganz wird
vielleicht im Moment des Falls erreicht.
Sie kommt von weit her und scheint
der Effizienz der Moderne unterlegen.
In der Unterlegenheit beweist sie
sich lebenslustiger. Sie widersteht
Sachzwängen. Selbst wenn nicht alle
elegant sind oder es sein wollen,
genügen die wenigen, die es sind, den
Rest der Welt aufzuheitern.

Über eine Haltung,
die unser Miteinander
bereichert

Barbara
Vinken

Eleganz

In Zusammenarbeit mit
Saskia Blatakes

Brandstätter

Inhalt

Elegant
ist von
auserlesen
abgeleitet.

Cicero,
De natura deorum 2.72

Beau Brummell in Boulogne-sur-Mer – Balzac, *Traité de l'élégance* – Trendsetter – Chanel, Deauville – Baudelaires Dandy – unbegrenzter Kredit – *champagne problems* – Viginia Woolf – abgewetzt und geflickt – Spanne des Menschlichen – dunkle Locken und Perücken – *manners make the man* – Kunst des Gefallens – Madame de Lafayette, *La Princesse de Clèves* – der Herzog von Nemours – Eleganz des Herzens – gefallen – umsonst – Salonlöwen – *The good life* – Eleganz des geglückten Umgangs mit der Welt – aus der Welt gefallen – Madame de LaVallière – *Some Like It Hot* – Marilyn Monroe – verletzlich, zerbrechlich – Kim Kardashian, Triumph des Willens – Augenwinkel und Wimpernschlag – poetisches Schimmern

Eine ***flânerie***

Beau Brummell – wir befinden uns im frühen 19. Jahrhundert – war in seinen jungen Jahren der Geliebte des britischen Prinzregenten und späteren Königs George IV. Stundenlang, erzählte Virginia Woolf hundert Jahre später, konnte der Prinz von Wales »Beau Brummell« dabei zusehen, wie er seine Krawatte unwiderstehlich um den Hals band. Ein legendärer, schillernder Lebemann, der fünf Stunden am Tag für seine Toilette brauchte. Danach sah er nicht wie aus dem Ei gepellt aus, sondern easy und selbstverständlich. Als hätte er nie etwas anderes getragen, als wäre ihm das zugeflogen. Bis heute ist Beau Brummell eine Ikone der Eleganz. Auch für seinen Zeitgenossen Balzac ist *Handsome Brummell* der ausgesuchteste aller Dandys. Doch nicht aus den offensichtlichen Gründen.

In Balzacs *Abhandlung des eleganten Lebens* erfindet der Erzähler einen Besuch bei dem von ihm bewunderten, elegantesten Menschen überhaupt. Der Erzähler Balzac möchte Beau Brummell zur Mitautorschaft gewinnen. Wer anders als Brummel (in Balzacs Schreibweise), berufen wie kein anderer, könnte eine Abhandlung über Eleganz schreiben und damit den schönen Fortschritt der Menschheit befördern, die Welt in bessere, elegantere Bahnen lenken? Brummell, ein Mann von höchster, bis zum Paroxysmus gehender Geistesgegenwart, ist gleich mit Feuer und Flamme bei der Sache.

Im französischen Exil in Boulogne-sur-Mer hat der echte Brummell seine beste Zeit allerdings längst hinter sich. Nicht nur sein einst so blendendes Aussehen, auch seine Finanzen haben gelitten. Obwohl er aus einer wohlhabenden Familie stammt, plagen ihn lebenslang Geldprobleme. Irgendwann ist er so verschuldet, dass er – die Gläubiger auf den Fersen – bei Nacht und Nebel aus England flieht und sich auf der anderen Seite des Kanals in Frankreich niederlässt. Er ist ein Trendsetter; Coco Chanel und mit ihr die gesamte elegante Gesellschaft werden ihm ein Jahrhundert später nach Deauville an die französische Kanalküste folgen.

Der Dichter Charles Baudelaire wusste, dass ein Dandy zwar keine Reichtümer besitzen muss, ein unbegrenzter Kredit aber unabdingbar ist. Denn sicher kann ein Eleganter sich nie mit dem Notwendigen zufriedengeben; er hat den Überfluss, der die Extravaganz erst möglich macht, so nötig wie die Luft zum Atmen. Von Beau Brummell berichtet man, er habe seine Stiefel mit Champagner behandeln lassen und drei Garnituren blütenweißer Leibwäsche pro Tag angelegt – der Luxus schlechthin, denn das Waschen, Stärken und Bügeln beanspruchte sehr viel mehr Zeit und Geld als heute.

Heute meinen extravagante Leute wie die belgische Schriftstellerin Amélie Nothomb, bescheiden, Champagner würde sie nur jeden zweiten Tag trinken. Und obwohl in Zürcher Häusern die kleine Veuve für den Badibesuch der Damen stets kühl steht, trinkt man auch dort nur jeden zweiten Tag Champagner. *Champagne problems* sind der Inbegriff des Luxusproblems. Aber keiner wäre heute so extravagant, Champagner zur Schuhpflege in Betracht zu ziehen. Schon im späteren 18. Jahrhundert hatte blütenweiße Unterwäsche als neuer Luxus den Samt und die Seide des barocken alten Regimes, oft verschlissen und fleckig, als neuen Luxus hinter sich gelassen. Ob US-Präsident John F. Kennedy dem schönen Brummell wohl mit seinen mehrfach am Tag gewechselten, blütenweißen, gestärkten Hemden auf der Spur war? Auch in der Flucht vor seinen Gläubigern sollte Beau Brummell vorbildlich für die Dandys werden, deren absolutes Eleganzgebot sie regelmäßig in den Ruin trieb.

Dandys, die in jeder Gesellschaft, wie Virginia Woolf nicht ohne einen Anflug von Neid und vielleicht auch Verachtung anmerkte, stets ganz nach oben gespült werden, sind eine antibürgerliche Kaste; um Bereicherung, Aufstieg und Erfolg durch Leistung geht es ihnen per se nicht. Beau Brummell hat in seinem Leben, meinte Woolf, nie etwas Bemerkenswertes geleistet: keine Schlacht geschlagen, keinen Traktat oder Roman geschrieben, kein Vermögen gemacht. Ein *family man*, liebender Gatte, sorgender Vater oder Großvater war er auch nicht.

Jede Idee von Haushaltung stößt den Dandy ab; vor allem die Idee, sein Geld selber zu verdienen, erscheint ihm völlig vulgär. Für das Erlesenste, das oft ganz unspektakulär ist und nicht ins Auge fällt, gibt er ohne mit der Wimper zu zucken Unsummen aus, die er nicht hat. Der Schriftsteller Gustave Flaubert, der als Sohn eines Chefarztes in Rouen nicht am Hungertuch nagte, hat sein Leben lang bedauert, nicht Unsummen für Extravaganzen wie Callas und blütenweiße Handschuhe, die man nur einmal trug, ausgeben zu können. Ein vollendeter Dandy konnte er mit limitiertem Budget freilich nie werden.

Beau Brummell ist zum Zeitpunkt des von Balzac ausgedachten Besuches nicht mehr *beau*, sondern beleibt und kahl. Er wohnt in einer kleinen, engen, heruntergekommenen Wohnung, empfängt den fiktiven Besuch in einem geflickten Hausmantel, der aber, bemerkt der Erzähler, aufs Allerschönste mit dem Ambiente seiner Wohnung harmoniert. Die beiden sitzen auf abgewetzten Sesseln, während eine korpulente Hausdame liebenswürdig den Tee serviert. Brummell und seine Hausdame sind nicht verbittert; sie pflegen ein vergnügliches Auskommen und erfreuen ihre Gäste. Die Souveränität Brummells in einem Zustand, in dem ihm der Schutzschild von Jugend und Schönheit abhandengekommen ist, er das heiter Unangestrengte selbst in widrigen Umständen bewahrt, macht diesen fiktiven Fünfuhrtee zu einer unvergesslich eleganten Szene.

Auf Balzac wirkte Brummells Exil wie das Sainte-Hélène des Napoleon Bonaparte: ein Sturz aus himmelhoch ragender Größe, der im Umschlag vom Weltenherrscher zum gescheiterten und vereinsamten Ohnmächtigen, im Umschlag vom umschwärmten, strahlenden Liebling aller, von dem Mann, dessen unnachahmlicher Stil von Königen beneidet wurde, in das Elend des Alters die ganze Spanne des Menschlichen vor Augen führt und erschauern lässt. Beau, der die schönsten, dunklen, romantisch wilden Locken hatte, trägt nun

Perücke. Ein Perücke tragender Beau Brummell ist so unvorstellbar und skurril wie Kant als Kind, Napoleon als Gärtner. Er platzt aus allen Nähten, die jugendliche Schlankheit ist verloren. Trotzdem ist der Brummel in Balzacs Portrait nach wie vor von vollendeter Höflichkeit. Weil Unhöflichkeit als Lepra, als Aussatz der eleganten Welt gilt, bleibt Brummell schlicht Brummell: einnehmend. *Manners make the man!*

Im Moment größter Schwäche zeigt sich für Balzac die wahre Eleganz. Sie offenbart sich, wenn man nach landläufigen Kriterien nicht mehr elegant, sondern arm, alt, elend und verletzlich ist, es aber gelingt, sich mit dem Schicksal ohne Gram auszusöhnen, es mit Würde zu tragen, den Lebensmut, die Anmut des Geistes im Angesicht der Widrigkeiten nicht zu verlieren. Heiter zu bleiben. Der Höhepunkt der Eleganz wird vielleicht im Moment des Falls erreicht. Die Eleganz Brummells zeigte sich in seiner Fähigkeit, in der Schwäche der Armut, des Alters, der Krankheit Haltung zu bewahren, freundlich und offen zu sein, nicht zu verbittern, Gefallen an der Welt, an sich und den andern zu finden, die Kunst des Zu-Gefallen-Seins zu beherrschen. Alles, was üblicherweise als reizend gilt, ist abgefallen. Das ist besonders schmerzlich, wenn die verlorene Schönheit üppig und glänzend war. Balzac beschrieb später, wie das marode Erscheinungsbild des alten Freundes seine eigene Definition von Eleganz ins Wanken brachte.

Denn während Brummell äußerlich alles andere als elegant erschien, zeigte er die Eleganz des Herzens. Was bleibt, ist das Glück, zu Gefallen sein zu können, Gefallen zu finden. Letzten Endes ist Eleganz die heitere Haltung, ein Lebensmut der Härte und Erbarmungslosigkeit des Schicksals zum Trotz: Das Leben endet, wie der Volksmund weiß, meist tödlich. Haltung zu bewahren, Gefallen zu finden, ist alles. Wie wusste schon die sagenhafteste aller sagenhaften Mätressen des Absolutismus, Madame de Pompadour: »Seien Sie immer heiter, wenn Sie immer schön sein möchten.«

Selbst der Inbegriff des Hofmanns zeigt auf dem Höhepunkt seines Vermögens vor allen Dingen die Eleganz des Herzens: Der Herzog von Nemours ist zum Inbegriff dieser Herzenseleganz für alle geworden, die sein unvergessliches Portrait in Madame de Lafayettes *Princesse de Clèves* gelesen haben. Am wenigsten bestaunenswert an diesem Meisterstück der Natur ist seine alles überstrahlende Schönheit, sein herausragend gutes Aussehen. Bestaunenswert ist der Herzog durch die natürliche Kunst zu gefallen, durch die anmutige Verspieltheit seines Geistes, seiner Gesichtszüge. Agil, geschickt ist er beim Fechten, beim Tanzen. Über Tische und Bänke springt er, um die ihm vom König zugewiesene Prinzessin zum Tanz zu bitten. Keine und keiner scheint sich seinem Charme entziehen zu können; wie kein anderer erregt er Gefallen. Die Königin von England, Elisabeth I., hat ihn zu ihrem Gemahl erkoren. Seine Art, sich anzuziehen, wird von allen nachgeahmt und bleibt doch ohnegleichen. Wo immer er erscheint, zieht er alle Blicke auf sich; kein Mensch kann die Augen von ihm wenden.

Er stellt niemanden in den Schatten, aber alle sonnen sich in seinem Glanz.

Galant, sanft, kann er es nicht übers Herz bringen, sich den Damen zu entziehen, die ihm gefallen wollen. Auch wenn er nicht leidenschaftlich für sie entbrannt ist, kommt er ihnen liebenswürdig entgegen. Er erfreut sich an allem und erfreut alle, ist heiter und lebhaft. Mit äußerstem Taktgefühl hilft er wie nebenbei aus der Patsche, großzügig und diskret aus jeder Verlegenheit. Er ist äußerst geistesgegenwärtig, kaum aus der Fassung zu bringen und lässt andere ihre Fassung wahren. Kurz, der Herzog von Nemours ist der angenehmste, liebenswerteste, lebhaft höflichste, ausgesucht reizendste Mann, den man sich vorstellen kann. An Eleganz ist er nicht zu übertreffen. Zu Gefallen zu sein ist sein Leben.

Madame de Lafayette, die in Versailles am Hofe Ludwigs XIV. ein und aus geht, versetzt diesen idealen Hofmann in eine Zeit, als François I. und Henri II. die Eleganz der italienischen Renaissancehöfe zu überbieten begannen. Zu Balzacs Zeiten war diese nicht mehr der höchste aller Werte, denn die bürgerlichen Aufsteiger hatten anderes zu tun, als auf Eleganz Gedanken zu verschwenden. Ihnen ging es nicht darum, zu Gefallen zu sein, sondern durch Leistung zu beeindrucken. Leistungsträger, deren faltenzerfurchte Gesichter die Anstrengung des Erfolgs zeigen, haben keinen Charme zu verschwenden, keine Minute zu verschenken, kein Lächeln zu vergeuden. Eisern verfolgen sie zielgerichtet ihr Interesse. Im Kopf haben sie Zahlen, keine *bonmots*, keine reizenden Aufmerksamkeiten. Der Arzt und Sozialtheoretiker Bernard Mandeville befand zweckrational, die Männer sollten, um den Kopf für ihre Geschäfte frei zu haben, im Bordell kurz angebunden ihre Lüste stillen, die ihnen störend dazwischenkommen könnten. Um sich dann den großen Aufgaben konzentriert zu widmen. Glücklicherweise gibt es Ausnahmen von dieser Regel, etwa die besonders in Wien das männliche Ideal prägenden Salonlöwen; ihr Gesicht ist nicht von Sorgenfalten zerfurcht. Lässig schütteln sie ihre silbrigen Mähnen.

Bürger kreisen um sich selbst, ihre Geschäfte, ihre Karriere, ihren Erfolg, bestenfalls um die Ihren: ihre Frau, ihre Kinder, ihre Familie. Nichts wird einfach so, absichtslos eingesetzt, spielerisch zum Spiel, sondern mit Aussicht auf den angemessenen Erfolg. »Unterm Strich zähl ich« wird das verbreitete Motto selbst für kleine Postbankkunden.

Dass unterm Strich gerade nicht ich in meinem genau bezifferbaren Selbstinteresse zähle, sondern die anderen, zeigt eine in diesen Tagen erschienene Harvard-Studie zur Entwicklung Erwachsener (Harvard Study of Adult Development). Diese Langzeitstudie begleitete das Leben von mehr als zweitausend Leuten über Jahre. Gefragt wurde nicht danach, was krank macht, sondern was glücklich macht oder, weniger pathetisch, zum Wohlbefinden, zu einem guten Leben beiträgt. Robert Waldinger und Marc Schulz kommen in ihrem jetzt veröffentlichten Buch *The Good Life* zu überraschenden Ergebnissen. Junge Leute, gefragt, was für sie im Leben am wichtigsten ist, geben mit schöner Regelmäßigkeit Erfolg und Reichtum an: Unterm Strich zähl ich, eben. Im Laufe ihres Lebens stellt sich dann heraus, dass es die anderen, die Beziehungen sind, das Mitmenschliche, das Sich-eingebunden-Fühlen, das gesünder und glücklicher macht. Psychische und körperliche Faktoren sind, das weiß man schon, eng miteinander verbunden: »Isolierte Menschen, die kein ausreichendes soziales Umfeld haben, weisen signifikant höhere Stresshormone auf und schließlich auch schlechtere Blutwerte.« Aber ganz einfach ist es nicht, gute Beziehungen zu pflegen; man steht sich selbst im Weg, fühlt sich manchmal verletzt, nicht angenommen. Glaubt, sich den Zeitaufwand nicht leisten zu können.

Im 20. Jahrhundert wollte man das Investment in das Objekt des Begehrens auf Heller und Pfennig, Minute für Minute berechnen. Wie bringt es der Popsong von George Harrison auf den Punkt? »I've got my mind set on you. But it's going to take money. [...] It's going to take time.« Das heiter überflüssige, überfließende Spiel der Galanterie ist zu einem genau geplanten, berechneten und berechnenden, kapitalistisch motivierten Unternehmen geworden; nichts bleibt dem Zufall überlassen. Willkür, Unberechenbarkeit haben keinen Platz. Nichts fällt mehr, fast nebensächlich, zu, keine Gunst der Stunde, keine Gunst der andern. Charmantes Umwerben gibt es nicht, viel Zeit und Geld müssen investiert werden, um zum Ziel zu gelangen. Und Zeit, kostbar, ist bekanntlich Geld.

Wie anders war der Herzog von Nemours. Die Eheabsichten mit der englischen Königin gab er ohne Bedauern auf, als er sich Hals über Kopf in die Prinzessin von Kleve verliebte, von ihrer Anmut, Schönheit und Eleganz getroffen. Der Mann, der die Frauen liebt, hat keine Freude mehr daran, allen zu gefallen; fasziniert ist er nun von dieser einen. Die Prinzessin von Kleve widersteht dem Herzog, den sie liebt, letzten Endes aus Eitelkeit. Eine Ehe mit ihm lehnt sie auch nach dem Tod ihres Mannes ab. Die Prinzessin möchte nicht eine unter vielen sein; sie möchte sich nicht in die Reihe der Lieben des Herzogs einreihen. Das Wesen der Leidenschaft, glaubt sie, liegt darin, zu enden; Liebe reiht sich an Liebe, eine Flamme an die nächste. Sie entscheidet sich gegen dieses Allerweltsschicksal der seriellen Leidenschaft. Die Prinzessin von Kleve wird, der Serie ausweichend, zum paradoxen, einzigartigen Exempel unnachahmlicher Tugend. Nemours ist für einige Jahre untröstlich, aber keineswegs verbittert. Danach kann er sich den ihm zufliegenden Herzen wieder in aller Süße öffnen. Eleganz ist nicht oberflächlich, sie ist zu ernst, um Ernst zu machen mit dem in ihr avisierten, verkörperten Schein.

Heute wird Eleganz mit gutem Stil im Auftreten, Habitus, vor allem mit raffinierter Kleidung gleichgesetzt. Das meinte schon Beau Brummell: Entscheidend ist die Toilette. Die Société des Ambianceurs et des Personnes Élégantes (SAPE), Dandys von heute, die in der Republik Kongo leben, sind noch der klassischen Ansicht: Zeige mir, wie Du Deine Krawatte bindest, und ich sage

Dir, wer Du bist. Den Königen der Mode mag man diese extravagante Zuspitzung nachsehen, doch schon Balzac fand, dass das zu kurz greift. Vivienne Westwood sagte, dass ein Buch ihr das liebste Accessoire sei. Damit lag die Königin des Punk ganz nah an der Definition der Eleganz – mit einem geistreichen Wortwitz: dem Erlesenen.

Als man anfing, über Eleganz nachzudenken, über sie zu schreiben und zu diskutieren, um sie schließlich zu dem Nonplusultra eines geglückten Umgangs mit der Welt zu erklären, ging es nicht um Kleidung, sondern um die Eleganz der Sprache, um den nicht nur angemessenen, sondern schönen Stil im Schreiben und in der geglückten Rede. Erst danach und nach diesem Vorbild bezogen sich die ungeschriebenen Regeln der Eleganz auf Umgangsformen, das gute Benehmen, die Kunst des Gastgebens, die Kleidung – kurz: darauf, sich mit der Welt aufs Angenehmste ins Benehmen zu setzen.

Balzac machte sich zum Anwalt der Eleganz als Lebensform. Er befördert sie von den aristokratischen Höfen in die bürgerliche, städtische Gesellschaft. Das geistig Erlesene, Ausgesuchte findet im eleganten Leben seine Form. Zeige mir, wie Du isst, wie Du wohnst, Dich bewegst, anziehst, was Deine Umgangsformen sind, wie Du wen triffst, was Du liest, hörst und schaust, wie Du reist, und ich weiß, wer Du bist. Eleganz ist eine Frage der Haltung den anderen gegenüber, eine Frage des Herzens, meinte Balzac. Für ihn war die Eleganz ein Gnadenstand.

Für Baudelaire war Eleganz die Lebenskunst schlechthin. Der Elegante geht im Hier und Jetzt nicht auf, er hat etwas eigentümlich Anachronistisches, Dysfunktionales, ist aus der Zeit gefallen. In ihm treffen Zeitebenen schroff aufeinander: Der Dandy, dessen einzige Mission in einem eleganten Leben liegt, ist für Baudelaire ein Herkules ohne Aufgaben, ein bisschen »off«. Mit äußerer Effizienz und Selbstoptimierung hat Eleganz nichts zu tun. Sie besteht auf einem vielleicht lächerlichen, vielleicht grotesken Überschuss. Eleganz ist nie konform, sie braucht die Reibung mit der Norm, um interessant zu sein. Ohne Überschreitung, Verletzung der Norm keine Eleganz.

Das größte Missverständnis besteht deshalb darin, Eleganz mit Perfektion gleichzusetzen. Sie ist, umgekehrt, die Kunst, mit Schwächen, Fehlern, Unvollkommenheiten umzugehen und daraus etwas Anmutiges, Anziehendes zu machen. Der Norm nicht zu entsprechen und aus dieser Schwäche Reizvolles zu ziehen ist die hohe Kunst der Eleganz. Nichts ist gezwungener als jemand, dem man ansieht, dass er alles richtig machen will und dann womöglich selbstgerecht zufrieden ist, tatsächlich alles normgerecht gemacht zu haben. Balzac fand solche Vollkommenheit letzten Endes langweilig. Körperliche Schwächen, sogar ein Buckel erhöhen noch Eleganz und Charme. So hatte Balzac eine Schwäche für das Hinken der Herzogin Louise de la Vallière, das er gegen alle Normen »anmutig« nannte. Durch eine Verletzung in früher Jugend war dieser Favoritin Ludwigs das Hinken geblieben.

Die La Vallière war und blieb bis ins späte 19. Jahrhundert Liebling aller, weil sie ihren Fall in die Ungnade, ihre Ersetzung durch Madame de Montespan mit beispiellosem Anstand getragen hatte. Fast klaglos hatte sie der Montespan und dem König als Deckmantel für deren Liaison gedient, bis sie den Schleier nahm und in ein Karmeliterkloster im Faubourg Saint-Jacques eintrat. Mit seinen Unzulänglichkeiten umzugehen, statt zu versuchen, sie zu übertünchen oder zu verstecken, ist elegant. Wer nicht perfekt ist – wer wäre das schon? –, rächt sich in Balzacs Worten durch den »Charme des Geistes« oder in diesem Fall die »entzückenden Reichtümer eines leidenschaftlich bewegten Herzens«.

Das Hinken der La Vallière ist heute Kate Winslets gebrochener Finger; verwandelt wird eine Verletzung in einen bizarren Reiz, ziemlich sexy. Körperliche Fehler und Gebrechen können, wenn man sie annimmt, ganz anmutig sein, findet Balzac und macht sie zum Nonplusultra von Eleganz: »Der perfekte Mann oder die perfekte Frau, das sind wirklich Nullen.« Und ziemlich anstrengend, könnten wir aus eigener Erfahrung hinzufügen. Für das Jetzt am komischsten formuliert wird das in Billy Wilders *Some Like It Hot* (1959) von dem Mamajungen und Milliardär Oswood, einem seriellen Ehemann. Wild entschlossen ist er, den *cross dresser* namens Daphne zu heiraten. Der zieht sich die Perücke ab und sagt mit Bassstimme: »I'm a man!« »Well«, antwortet Oswood mit einem durch nichts zu erschütternden Lächeln, »nobody is perfect.« Diese Gelassenheit würde dem tobenden Streit um Geschlechtsidentität gut zu Gesicht stehen.

Ein angestrengter, anmaßender Überbietungsversuch, sexyer zu sein als das Sexsymbol aller Sexsymbole, Marilyn Monroe, wurde von Kim Kardashian, superehrgeizig, gestartet. Zur Met Gala 2022 trug sie das mit Kristallen besetzte Nude-Kleid, in das Marilyn Monroe über Stunden eingenäht worden war, um ihr legendäres »Happy Birthday, Mister President« zu singen. Marilyn wirkt wie nackt in diesem Kleid, verletzlich. Sie kommt zu spät, hüllt sich schützend in ihren Pelz, ist seltsam abwesend, eher eine Erscheinung als eine selbstbestimmte, selbstbewusste Person, ein Glanz, ein Hauch, flüchtig zerbrechlich.

Kim Kardashian dagegen stellte die Vollkommenheit ihres Körpers selbstbewusst zur Schau; sie hat die marmorne Kühle einer klassischen Statue und führt uns vor Augen, dass sie jeden Zentimeter davon durch harte Arbeit, durch strengste Disziplin verdient hat. *She did it*, ein Triumph des Willens. Unübersehbar, welch herausragende Leistung: Kilos abgenommen – kein Gramm zu viel gegessen, *no carbs* – durchtrainiert – jeder Muskel in stundenlangem Training herausgebildet – golden gebräunt. Dieser perfekt kontrollierte Körper ist weder verletzlich noch zerbrechlich, sondern *self empowered*. Das gewisse Etwas, das *je ne sais quoi* hat er nicht, denn hier weiß man wirklich alles. Selbstbeherrscht und selbstbewusst wird er als das Objekt der Superlative eines enormen Investments präsentiert. Stolz ist Kardashian auf diese Hochleistung – und macht die Wirkung damit zunichte. Marilyn Monroe verzaubert und rührt zu Tränen, Kim Kardashian lässt einen kühl bis ins Herz hinein. Ist die Monroe auch kein Ausbund von Eleganz, so ist ihr doch die flüchtige Aura des Eleganten nicht fremd, die von Kardashian ausgelöscht und in Medien-Effizienz verwandelt wird.

Balzac sah den Menschen in der Eleganz als ein Mängelwesen, das im Umgang mit der Schwäche Charme entwickelt. Die Eleganz, in der sie oder er das fertigbringt wie Monroe oder es verfehlt wie Kardashian, feiert der Dichter als ein »poetisches Schimmern«, das über allem liegt und das Leben erst schön und lebenswert macht. Eleganz ist eine Geisteshaltung, die im Sinnlichen übersinnlich präsent ist, die wichtigste Errungenschaft der Zivilisation. Im *Kardashian mode* unterwirft sich die balzacsche Eleganz dem hypertrophen, unbarmherzig gewordenen Bürger-Ehrgeiz, dem die Zivilisiertheit, die er nicht mehr hat, nur noch als Bühne dient.

Sieht man sich in den Großstädten der Welt um, scheint Eleganz tatsächlich weithin entbehrlich; ihre *cote* hat gelitten. Die Leute sehen eher aufs Handy als in die Gesichter der Passanten. Sie telefonieren mit den Ihren irgendwo auf der Welt, statt ihre Gegenüber anzulächeln. Lauthals breiten sie ihre Herzensangelegenheiten und Finanzschwierigkeiten, ihre Ehekrisen und Seitensprünge, ihre Kindererziehungspläne und Vorbereitungen für die Vorstandssitzung vor der zum Mithören verurteilten Welt aus. Man würde zu gern diskret sein und weghören, aber bei der völlig unbekümmerten Lautstärke? Der gemeinsame Raum wird durchgestrichen, der Nächste hat sich in Luft aufgelöst; Eleganz hat keine Chance.

Der oder die Elegante wirkt unvermutet arrogant, scheint durch Kleider und Haltung Kritik am sportlichen, funktionalen Outfit zu verkörpern. Total überflüssig. Ein irgendwie anachronistischer, absurder Stolperstein in der auf Effizienz getrimmten Hochleistungs- und Selbstoptimierungs-Gesellschaft. Irgendwie stehen die Eleganten in ihrem anachronistischen Bemühen, im Moment, im Hier und Jetzt mit ihrem Gegenüber zu bleiben, sich ins Benehmen zu setzen, im Weg; zielgerichtet, wie man ist, hat man für Charme so wenig Zeit übrig wie für Muße. Und schon gar nicht für Extravagantes. Was Kleidung angeht, heißt der dominante Stil jetzt *normcore*, unauffällige Unisex-Mode, die vor allem eins ist: langweilig. *Normcore* soll ermöglichen, sich im öffentlichen Raum unauffällig zu bewegen. Man sieht aus wie alle andern und zieht sich praktisch an, um durch den Dschungel der Stadt unbehelligt ans Ziel zu kommen.

Der Weg ist das Ziel – dieses überall verkündete Mantra könnte einen vielleicht auf die Idee bringen, sich so anzuziehen, dass es den Leuten, denen man begegnet, ein Lächeln, eine Bemerkung entlockt. Dass wir uns gegenseitig aus dem Augenwinkel anblicken und einen Wimpernschlag lang im Auge halten, überrascht, amüsiert, ihnen und uns zu Gefallen. Leben besteht aus vielen flüchtigen Momenten, deren Schönheit und Zerbrechlichkeit man Augenblick für Augenblick feiern sollte. Der poetische Schimmer der Eleganz leuchtet über allem. Droht er zu verlöschen, bleibt ein Einerlei, das ein Keinerlei ist.

Amüsantes Miteinander – Charme – elitär? – Distinktionsmerkmal – die Reichen und die Schönen – Effizienz statt Eleganz – Oberflächlichkeit – Oscar Wilde – Glücksversprechen – Logomanie – Balenciaga – *gratuit* – Savoir-vivre – Boris Vian – Selbstironie – Burn-out – Martha Stuart – Perfektionsdruck – Gelassenheit – *shabby chic* – Sozialstress

Eleganz: auch eine Frage der Moral

Eleganz: auch eine Frage der Moral

Eleganz begleitet uns seit der Antike und führt vor Augen, wer wir in den gelungenen Momenten des Lebens sein können. Sie verzaubert, verführt, bereitet das größte Wohlgefallen. Eleganz ist ein amüsantes Miteinander im klugen, gewitzten Gespräch. Sie ist nicht leicht zu fassen, und vielleicht macht das ihre Strahlkraft, ihren Charme aus. Jetzt ist sie fast in Verruf geraten. Sie wirkt altmodisch, ein bisschen überholt, überkandidelt, auf alle Fälle schlicht überflüssig. Schlimmer, sie scheint elitär: für die, die es sich leisten können und wollen, für die, die *in the know* sind und dies unter Beweis stellen wollen. So wird sie als Distinktionsmerkmal abgelehnt, das zu nichts gut ist, als sich vom Rest abzugrenzen. Etwas für die Reichen und die Schönen und nicht für die erreichbar, die ihr Brot im Schweiße ihres Angesichts verdienen – da sieht man sich auf der richtigen Seite. Dieses neue Stigma, das der Eleganz anhaftet, ist gar nicht so neu. Seit den antiken Anfängen war man allem Eleganten gegenüber zwiespältig. Drastisch ist die Eleganz zuletzt in den republikanischen Diskursen um die Französische Revolution herum verdammt worden. Diese republikanischen Diskurse haben in den römischen Einreden gegen die Eleganz zu Zeiten Catos des Älteren ihre Quelle, also im republikanischen Rom, das der Revolution als Leitbild diente.

Produktivität, Leistung, Funktionalität und Effizienz sind nun die Gebote der Stunde. Wenn Politikerinnen und Politiker sich gewählt ausdrücken und elegant kleiden, wie etwa Emmanuel Macron, wird ihnen das schnell zum Vorwurf gemacht: abgehoben. Auch mit dem Vorwurf des Schaumschlagens ist man dann schnell bei der Hand: Worte statt Taten! Die Eleganz wird im Unterschied zur authentischen Tiefe als oberflächlich blendend diffamiert, als irgendwie nicht ehrlich und offen. Statt sich bezaubern zu lassen, stemmt man sich gegen ein Glücksversprechen, das zur einschüchternden Bedrohung geworden ist. Man vermutet dahinter listige Täuschung: Eleganz als *cover-up* für das gezielte Verfolgen von Machtinteressen, ein gar nicht so verborgenes Mittel zum Zweck. Der ablehnenden Haltung aller Form gegenüber kann man das elegante Wort Oscar Wildes im *Bildnis des Dorian Gray* entgegenstellen: »Nur oberflächliche Menschen urteilen nicht nach dem Äußeren. Das Geheimnis der Welt ist das Sichtbare, nicht das Unsichtbare.«

Die ungeschriebenen Regeln eleganten Zusammenseins schließen vieles ein. Die Eleganz ist als Ideal, als Vision einer glücklicheren, einer funkelnd geschliffenen Gesellschaft entworfen worden, in der sich alle gefallen und auch aneinander Gefallen finden. Gekonnte, spielerische Sprache, das *bonmot*, nimmt die erdende Schwere und macht den gesellschaftlichen Umgang angenehm und freudvoll. Sich mit seinem Gegenüber ins Benehmen zu setzen, das Zusammensein in der Öffentlichkeit reizend zu gestalten, ist das Ziel eleganten Lebens. Ganz unelegant wäre es dagegen, sich als möglichst elegant hervortun und beweisen zu wollen: wie eitel, besserwisserisch, pedantisch, anstrengend! Eine gewisse Selbstdistanz und Selbstironie können nie schaden. Das Zurücknehmen des Selbst ist die Bedingung der Eleganz; im Zeitalter der neoliberalen Ich-Industrie wird das gerne vergessen.

Vielleicht sind jene am elegantesten, die die Souveränität haben, das eigene Distinktionsbegehren mit auf den Arm zu nehmen und sich selbst ein bisschen zum Narren zu halten. Das haben die intelligenten Designer in den Zeiten der Logomanie ziemlich gut gemacht. Der verpoppte Name von Marken ist zum ziemlich offensichtlichen Distinktionsmerkmal geworden: Gucci, Dolce, Chanel, Dior, Vuitton. Der Marke, der Designerin muss es gelingen, sich selbst im Spiel mit dem Logo von diesem Erfolg, von dieser teuren, billigen Protzerei (von der sie natürlich auch lebt) zu distanzieren, sie zu ironisieren, dem Ganzen etwas Ambivalentes zu geben. Die Leute schillernd in ihrer Dummheit auszustellen, und die, die darauf reinfallen, ein bisschen lächerlich zu machen. Die Gnadenlosigkeit dieses uneleganten Distinktionsspiels bringen die Neuköllner Jugendbanden witzig auf den Punkt: »Zwei Streifen Caritas, drei Streifen Adidas.« Natürlich muss es Adidas oder, je nachdem, Off-White, The Row, Burberry sein.

Wie mit dem Fetisch des Logos umgehen, ohne sich ihm blind zu unterwerfen? Ziemlich elegant witzig fand ich ein einfaches schwarzes T-Shirt von Balenciaga – der Designer Demna Gvasalia hatte schon bei Vetements Shirts für mehrere Hunderter über den Laufsteg geschickt –, auf dem das Logo mit einem schwarzen Paketband notdürftig, aber klar, immer noch lesbar, abgeklebt war: so wie ein junger Mann das machen würde, der die Logomanie verachtet, aber ihr trotzdem ausgesetzt ist. Mit so einem T-Shirt herumzulaufen zeigt Selbstironie, aber auch Barmherzigkeit, und zwar nicht nur mit sich selbst, sondern mit allen, die das Logo auf sich wie auf einer Litfaßsäule tragen. Das Beharren auf der eigenen Authentizität und Tiefe wirkt dagegen selbstverliebt, fast hochmütig, denn warum sollten wir das Interesse daran den andern aufbürden?

Wer sich elegant ausdrückt, kleidet und benimmt, will gefallen, ein gewisses Understatement nicht ausgeschlossen. Eleganz hat auch die Mitmenschen im Sinn, eröffnet einen Gegenraum zur abgesteckten Enge der Effizienz, der Hierarchie, der durchstrukturierten Macht. Solche Gegenräume sind Orte der erlesenen Gastlichkeit, wo sich jeder angenommen fühlt. Die elegante Gastgeberin, fand Balzac, würde nie und nimmer von ihren Gästen verlangen, dass sie die Schuhe ausziehen. Dass ihre Gäste sich angezogen und nicht bloßgestellt fühlen, sollte der Gastgeberin wichtiger als ein unversehrter Teppich sein. Umgekehrt darf sie davon ausgehen, dass die Gäste selbstverständlich so rücksichtsvoll sind und die Schuhe wechseln, statt mit schmutzigem Schuhzeug über die Teppiche zu stapfen. Auch hier ist Eleganz der Gegenpol zum Diktat der Effizienz. Nur wer fähig ist, das Eigeninteresse und eigene Ziele zurückzustellen und stattdessen etwas *gratuit*, womöglich aus purem Spaß zu tun, hat die Chance zur Eleganz.

Statt so schnell und so viel wie möglich zu arbeiten und unaufhaltsam im Hamsterrad zu laufen, erinnert Eleganz daran, innezuhalten, sich ziellos, offen für Überraschungen, dem Moment hinzugeben. Sich listig gegen die Ansinnen einer Totaleffizienz zu sperren; sich dem Terror zu entziehen. Zu erkennen, wie kindisch dieser Effizienzglaube ist, der verdrängt, dass wir mitten im Leben vom Tod umfangen sind. Wie cool dagegen Boris Vian war, als er sich, Snob bis zum bitteren Ende, ein Totenhemd von Dior wünschte. Eleganz ist eine Haltung des Savoir-vivre, einer Lebenskunst, die sich gelassen auf andere, deren Aufmerksamkeit und Zuwendung, angewiesen weiß. Gegen diese Abhängigkeit und Angewiesenheit braucht man gar nicht selbstbehauptend aufzubegehren. Das Leben kann man heiter leben, wenn man die Endlichkeit nicht verdrängt und nicht in den Griff kriegen will, sondern ihr die schönste Form zu geben hofft.

Unterwerfen wir uns dem Effizienzdiktat, wird der Anspruch der Eleganz als Zumutung empfunden: Sich kurz vor dem Burn-out abends noch anziehen müssen, um auszugehen? Ein Abendessen für Freundinnen und Freunde kochen? Wie anstrengend! Der Stress, der Druck, unter dem man sich fühlt, hat auch in Sphären Einzug gehalten, die früher Spaß gemacht haben, wie ein Essen im Freundeskreis, eine angeregte Unterhaltung. Mit Kleidern spielen, etwas ausprobieren. Warum stressen uns jetzt diese Vergnügungen? Selbst bei der Bewirtung geht es statt um ein glückliches Miteinander ganz plötzlich um Ehrgeiz und Leistungsdenken, um die Anhäufung symbolischen Kapitals durch den richtigen, möglichst beeindruckenden Lebensstil des *how to spend it*. Schlimmer noch als die aufstiegsorientierte Bourgeoisie des 19. Jahrhunderts leiden wir unter dem, was wir als gesellschaftlichen Anspruch vermuten. Die Einladung wird Visitenkarte für sozialen Status, so das perfekte Dinner, der smarte Look.

Vielleicht beginnt die Eleganz damit, sich vom Perfektionsdruck loszumachen. Die Angst, den anderen und den eigenen Ansprüchen nicht gerecht zu werden, abzuschütteln, den sozialen Normen gegenüber eine gewisse Gleichgültigkeit zu entwickeln. Kein Mensch erwartet ein Schaulaufen der Hausfrau, die als perfekte Managerin ein Hochleistungsprogramm der Marke *homemaker* abspult. Martha Stewart lässt grüßen. Sollen die Gäste Sie eher bewundern und Ihnen sagen, dass Sie das besser als alle anderen machen, oder soll es ihnen gut gehen? Einfache Gelassenheit, die es erlaubt, sich allen zuzuwenden, statt Perfektionsstress legen französische Kochbücher nahe: Machen Sie etwas, das Sie können und vorbereiten können. Das Silber geputzt? Etwas angelaufen hat es auch Charme. Die Tischwäsche von der Mangel geholt? Geht auch ohne, Falten machen das Leinen lässiger. Bei solchen Gelegenheiten müssen auch Emanzipationsstandards nicht unbedingt unter Beweis gestellt werden. Tut auch er genug in der Küche? Sind die Rollen gleich verteilt? Bei umfassendem Perfektionsdruck dieser Art lässt man es lieber ganz.

Besser, man befreit sich davon, hat die Lässigkeit, es eben zu machen, wie es geht. *Shabby chic* ist eleganter als hochpoliert.

Auch die Lust an Kleidern hat man sich so abgewöhnt. Weil man es sowieso nie schaffen würde, auch noch elegant zu sein, schützt man die Sechzig-Stunden-Woche mit All-in-Vertrag vor. Im Schrank hängen die gleichen Hosen, T-Shirts und Blazer in drei gedeckten Farben, weil man für nichts anders Zeit hat. Die kann man blind herausnehmen, ohne einen Gedanken darauf zu verschwenden, und sieht wenigstens korrekt konform aus – aber wirklich nicht aufregend. Individualität und Stil benötigen Muße, die wir nicht mehr zu haben glauben, also sehen wir alle gleich aus. Dabei ist Eleganz etwas alltäglich Beiläufiges; so viel Zeit für Erheiterndes, Extravagantes ist fast immer da, auch wenn man es kaum glaubt.

Wie konnte es passieren, dass ein Ideal wie das elegante Leben zu einer unangenehmen Pflicht, zu einer Last wurde, als Sozialstress empfunden wird? Der Frage möchte ich hier nachgehen. Das Buch soll Sie – und mich selbst auch – daran erinnern, wie schön und heiter das Leben sein kann, wenn wir es nicht so schwer nehmen, uns ein bisschen weniger um uns selbst drehen, und den anderen zugewandter sind. Überraschenderweise, unerwartet, weist die Eleganz statt der Steigerung von Sozialstress einen Weg aus jenem heraus.

Electus – Nachlässigkeit – das gewisse Etwas – Petronius – Selbstmord, beiläufig – Huysmans kosmopolitisches Fin de Siècle – *Quo vadis?*

Schieds-gericht der Feinheiten

Um dem Misstrauen gegen die Eleganz auf den Grund zu gehen, blicke ich zurück in die Antike und ins Mittelalter. Eine erstaunliche Hochphase der Eleganz war auch die Renaissance. Um Mode ging es da, vor allen Dingen aber um *allure*: beim Fechten, Reiten, Jagen, Tanzen, ja Gehen. Die Höflichkeit, *courtoisie*, das Den-Hof-Machen war Sache der Sprache. Am anderen – und nicht nur am anderen Geschlecht – Gefallen zu finden wurde an den Höfen zur hohen Kunst des Flirtens. Je leidenschaftlicher diese zelebriert und je elaborierter sie in Worte gefasst wurde, umso vehementer traten später, vollends mit der Französischen Revolution, ihre Feinde auf den Plan. Diese Eleganz-Feindlichkeit ist bis heute prägend geblieben. Als wäre sie selbst schon eine revolutionäre Errungenschaft, die es zu wahren gilt. Die Sache liegt eher umgekehrt.

Eleganz kommt vom Lateinischen *electus*, dem Erlesenen, Ausgesuchten und deshalb dann auch Passenden, Angemessenen. Elegant ist, wer gekonnt zu wählen versteht. Zwar bezieht sich dies auf den Lebensstil im Allgemeinen, als lateinisches Stilideal bezieht es sich aber im Besonderen auf die Sprache. Der erlesene Ausdruck, das harmonische Maß, die weiche Fügung der Wörter, die Angemessenheit der Rede machen elegant.

Das Elegante ist gewählt. »Das setzt die Mittel und die Freiheit voraus, auswählen zu können. Doch die Gewähltheit soll sich, um nicht angestrengt zu wirken, sorgsam *(diligenter)* hinter einer gewissen *‚nicht unangenehmen Nachlässigkeit’ (non ingrata neglegentia)* verbergen. Eleganz ist die höchste Kunst, natürlich, beiläufig, einfach zu erscheinen«, schreibt Hans Böhringer im Anschluss an Ciceros Klärung des Begriffs. »Doch auch die künstliche Natürlichkeit der Eleganz wäre nichts ohne das *nescio quid*, das gewisse Etwas, das man nicht lernen kann. Man hat es von Natur aus, oder man hat es nicht.« Vielleicht sollte man nicht von künstlicher, sondern von kunstvoller Natürlichkeit sprechen.

Der *arbiter elegantiae* ist nach dem römischen Satiriker Titus Petronius benannt, den (hundert Jahre nach Cicero) der berüchtigte Kaiser Nero in allen Fragen des guten Geschmacks zu Rate zog. Den Beinamen »Schiedsrichter«, *arbiter*, hat Petronius verdient, denn selten gab es einen entschiedeneren Verfechter der Eleganz: Nicht nur führte er abgeklärt spöttisch die Aufgeblasenheit der römischen Elite seiner Zeit vor, die durch raffinierteste Genüsse glaubte, noch den Tod zur weltlichen Prunkentfaltung ausschlachten zu können. Indem er die Nacht zum Tag machte, nachts arbeitete und tagsüber schlief, hatte Petronius sich einen Ruf der Umwertung aller Werte erworben. Nicht durch Fleiß, sondern durch Muße sei er sagenhaft geworden, schrieb Tacitus in seiner ebenso lapidaren wie eleganten Würdigung des Dichters. Der Luxus wurde ihm nicht als Prasserei und Verschwendungssucht, sondern als hohe Kunst ausgelegt; leichthändig gelang es ihm, seine Nachlässigkeit als Einfachheit, seine *effronterie* als Witz durchgehen zu lassen.

Wie beiläufig nahm sich Petronius, als Verschwörer gegen Nero verraten, ohne viel Aufhebens das Leben –

aber nicht ohne vorher eine wertvolle, elegante Kelle aus Flussspat zerbrochen zu haben, damit sie nicht am Ende noch in Neros Händen lande. Das geschah zu einer Zeit, als Seneca seinen Selbstmord öffentlich als Zeremonienspektakel inszenierte. Weil Petronius eine solche Aufgeblasenheit, diese groteske Maßlosigkeit der sich als elegant gerierenden Römer, mit der sich ein Seneca gegen Nero profilierte, ohne Selbstgerechtigkeit satirisch ausbreitete, steht ihm das Epitheton Eleganz so ausgezeichnet.

In der kosmopolitischen Kultur des Pariser Fin de Siècle wurde Petronius Kult. Joris-Karl Huysmans, der Prinz der *décadance*, erklärte ihn zum Lieblingsdichter; mit Petronius verabschiedete er die goldene *latinitas* Ciceros und Vergils. Beide Stilideale, Cicero und Vergil, Vorbilder von Generationen, vom Sockel zu stoßen bereitete Huysmans ein seltenes Vergnügen. Petronius' fürchterlich charmantes *Satyricon* liebte Huysmans wegen seiner ungerührten, ziselierten Analyse der Gesellschaft Roms, die nie den moralischen Zeigefinger vorhält und sich für Oberlehrerhaftes zu gut ist. Huysmans verglich Petronius' Ungerührtheit mit Flaubert.

Eine kitschige Hommage finden wir in dem Roman *Quo vadis?*, einem populären Welterfolg: Henryk Sienkiewicz lässt Petronius heiter, schön wie eine Marmorstatue, in den Armen seiner überirdisch schönen Geliebten erblassen. Mitten während seines himmlischen, von Veilchenduft durchhauchten Symposions, das in allem den erlesensten Geschmack – der verstand sich von selbst –, die größte Freiheit und vollkommenste Großzügigkeit zeigt, geht er zusammen mit seiner Geliebten von uns. Vorher bricht er über Nero den Stab: Von Eleganz habe dieser erbärmliche Vorstadtpoet, den Nero gibt, dieser ungelenke Tänzer mit seinen dürren Beinen, dieser Sänger, der bellt wie der Höllenhund, keine Spur; eine Qual sei es, seinem Tanz, seiner Dichtung, seinem Gesang zusehen und zuhören zu müssen. Das ist für Petronius unerträglicher als Neros dunkelste Verbrechen: »Lebe wohl, aber singe nicht; morde, aber schreibe keine Verse; vergifte, aber tanze nicht; lege Feuer an, aber spiele nicht auf der Laute; diese Wünsche und diesen letzten Freundesrat sendet dir dein *arbiter elegantiae.*«

Eleganz, umstritten – Voltaire – unmännlich, weibisch, dekadent – Cicero – Albatrüffel – *négligé à la turque* – Madame de Pompadour – *casual friday* – abgewetzter Nerz – *ars adeo* – Pietro Bembo – Das Neue Testament – humil – Kosmos

Paradox, höchst paradox: ***nude make-up***

Eleganz war von vornherein eine ambivalente, eine umstrittene Eigenschaft. Die frühen Römer, das betont der Philosoph Voltaire in seinem *Enzyklopädie*-Artikel zur Eleganz, stellten Eleganz gegen die Tugend. Das Wort Tugend, *virtus*, kommt von Männlichkeit, *vir* ist der Mann; auf die Eleganz fiel der Verdacht des Unmännlichen. Elegant waren Schönlinge, keine richtigen Männer. Das Elegante stand im Geruch des Verweichlichten, Dekadenten, Weibischen, kurz auch des Griechischen. Mit so viel Affektiertheit sollten und wollten die tugendhaften Römer der frühen Republik, die Römer der Gründerzeit, der Zucht und der Sitte, des Ernstes und der Würde, nichts zu tun haben. Erst mit Cicero, meint Voltaire, und dessen Rekurs auf die griechische Redekunst, hauptsächlich des Aristoteles, werde die Eleganz ein allgemein anerkannter Wert. Eleganz wird nicht mehr mit dekadenter Weibischkeit kurzgeschlossen, sondern als Summum von Ausgesuchtheit und Harmonie anerkannt.

Eleganz kann auf den *lifestyle* bezogen werden: Nach Cicero kann man – wie Voltaire zu seiner Zeit nicht, heute aber wieder – von einem eleganten Essen sprechen. Frisch gehobelte Albatrüffeln auf hausgemachten Tagliatelle, *en passant* und liebenswürdig serviert, das könnte und würde man doch als elegant bezeichnen. Cicero hebt das unaffektiert Schlichte, die kunstvolle Natürlichkeit hervor. Eine gute Rede gleicht für ihn einer natürlich schönen Frau, wie er in *Orator* schreibt: »In beiden Fällen gibt es nämlich etwas, das den Reiz erhöht, doch ohne daß es in Erscheinung tritt. Da wird man jeglichen auffallenden Zierrat wie Perlenschmuck verbannen, man wird nicht einmal Lockenwickel verwenden. Erst recht wird man sämtliche Mittel zu einem künstlichen weißen oder roten Teint verschmähen, es wird nur Eleganz und Feinheit geben. Die Sprache wird rein und korrekt sein, die Aussprache klar und deutlich, man wird sorgfältig darauf achten, was angemessen ist« (*Orator* 78, 79).

Kurz, die elegante Rede ist wie *nude make-up* darauf angelegt, dass keiner sieht, wie äußerst elaboriert und zeitaufwendig man geschminkt ist. Sie wirkt vollkommen natürlich, obwohl das ungeschminkt Natürliche natürlich ganz anders aussähe. Oder die Haare, so liebenswert zerzaust, als sei man gerade nach den goldensten Träumen aus dem Bett gestiegen, dem sogenannten *just-rolled-out-of-bed look*. Auch dieses völlig Natürliche, ganz Zufällige ist eine Hochleistung der Friseure. Das Negligé, das damals noch nicht Reizwäsche meinte, sondern etwas wie zufällig Übergestreiftes, eben nicht repräsentativ Angezogenes, trägt die Nonchalance bereits im Namen. Weder angezogen noch frisiert und nicht bereit, Besuch zu empfangen, in der Öffentlichkeit zu erscheinen, warf die Dame des Hauses einen weiten, bequemen Morgenmantel über das Nachthemd und empfing in der Intimität ihres Interieurs Freunde.

Madame de Pompadour erfand für diese privaten, zurückgezogenen Stunden ein angenehm zu tragendes warmes, leichtes *négligé à la turque*, das die Schönheit ihrer Taille und ihres Busens unterstrich, scheinbar ohne das zu beabsichtigen. Beiläufig eben, nachlässig. Der *casual friday* fällt einem dazu heute ein. Aber vielleicht stellt diese Assoziation bereits den Unterschied heraus. Denn der *casual friday* erschöpft sich darin, mit dem Bequemen das Hochgeknöpfte, Uniformierte, Pedantische, Einzwängende durchzustreichen; Ausnahmen wie *smart looks* bestätigen die Regel. Das Negligé macht das Bequeme, das Nachlässige zum Reiz. Wenn wir heute einen Straßenmantel nach dem Schnitt von Morgenmänteln anziehen, Straßenmäntel aus Bademantelfrottee oder Kuschelteddy tragen, schöpfen wir aus der hohen Kunst des Negligés.

Das Aufgedonnerte, Aufgebrezelte, offensichtlich Geschminkte, die mit Zeichen des Reichtums über und über behängte Frau ist weniger elegant als affektiert. Um jeden Preis bringt sie wie marktschreierisch ihren ausgesuchten (womöglich ganz schlechten) Geschmack unter die Leute. Wie lässig und *en passant* verhält sich dagegen die Pariserin, die sich, weder frisiert noch geschminkt, an einem bitterkalten Wintertag in ihren wunderbaren, leicht abgewetzten Nerz hüllt, um ihre Enkelin zum Mittagessen über die Straße von der Schule abzuholen. Ciceros Rede, die er mit der Schönheit der Frauen vergleicht, soll kein künstliches, aber ein kunstvoll Gemachtes sein, so kunstvoll, dass die Gemachtheit als reine Natur erscheint. Eleganz ist die gelungene, gekonnte Naturalisierung von Kunst; darin besteht ihr Können.

Zu der Zeit, als die römische Rede- und Sprachkunst mit Cicero und Vergil ihren goldenen, unübertrefflich eleganten Höhepunkt erreicht hatte, spielt das Neue Testament. Es blieb nicht auf die römische Kolonie Judäa beschränkt, sondern eroberte Rom und die Welt. Das Evangelium ist ein Text, über den viel gesagt worden ist, aber noch niemand hat ihn für den Inbegriff der Eleganz gehalten. Den gebildeten Römern der Jahrhunderte vor Konstantin musste diese Schrift furchtbar schmucklos und sicher nicht tadellos gefügt und harmonisch gerundet, sozusagen barbarisch erscheinen. Noch Johann Wolfgang von Goethe, klassizistisch, teilte diese Abneigung. 1786 besuchte er das Grab des humanistischen Gelehrten und Kardinals Pietro Bembo, dem wir noch im *Cortegiano* begegnen werden, in Santa Maria sopra Minerva. Pietro Bembo war berühmt für seinen untadeligen lateinischen Schreibstil. Ein edler und vernünftiger Mensch sei dieser Bembo gewesen, notierte Goethe in sein Reisetagebuch, »der nicht gern in der Bibel las, um seinen lateinischen Styl, wahrscheinlich auch um seine Imagination nicht zu verderben.«

Die ungefeilte Schlichtheit des Neuen Testaments ist nicht als Ergebnis großen Könnens, sondern als Unvermögen rezipiert worden. Es wäre für die goldene *latinitas* wie auch für das gebildete Griechenland nicht offensichtlich gewesen, wie damit umzugehen sei. Die »Vulgata« des Kirchenvaters Hieronymus machte ein paar Jahrhunderte später das lateinisch Beste daraus. Dem Renaissance-Geschmack kam das schon näher. Nun war auch für Cicero die Wohlgefügtheit, die Erlesenheit der Sprache kein *l'art pour l'art*, kein bloßer, aufgesetzter Schmuck. In ihr spiegelte sich die schöne, wohlgeordnete, harmonische Beschaffenheit des Kosmos, und Kosmos hieß für Cicero immer noch Zierde. Insofern hat eine wohllautende, klare, schöne Sprache durchaus das Zeug zur Offenbarung; sie ist der wunderbaren Welt angemessen.

Klarheit und Einfachheit des Textes sind Stilideale: Die Wohlgefügtheit der Sätze steht gegen einen überladenen Stil, den überkandidelten *ornatus*, den Cicero als »asiatisch« bezeichnete. Aber die Einfachheit des Textes ist ein Ergebnis größter Kunst; das Einfachste ist das Schwerste. Dem freien Fließen des Textes darf man die mühselige Textarbeit nicht ansehen. Die Texte des Neuen Evangeliums haben eine andere Form der Klarheit und Einfachheit. Sie wirkten simpel und schmucklos. Später wurde diese humile Anlage, das Niedrige, Demütige, das Fischer und Zöllner, Huren, Mägde und Zimmermänner verstanden, zum neuen Stilideal. Vielleicht erschien das Evangelium den damaligen Gebildeten wie uns heute Nachrichten in leichter Sprache, in denen sogar erklärt wird, was eine Regierung überhaupt ist und was man sonst alles nicht mehr weiß.

Wortschleier – Ornamente – elegante Denunziation – Augustinus – Didos Selbstmord – Seelentod – Vergil und Racine – die Eleganz des Französischen

Toxisch

Schon früh bildeten sich hermeneutische Schulen zur Auslegung des Evangeliums heraus, die nach griechischem Vorbild zwischen esoterischem und exoterischem Sinn unterschieden. Der offensichtliche, exoterische Sinn war für die Ungebildeten die Milch der frommen Denkungsart. Diesen Sinn versteht auch ein einfaches Herz. Doch dem biblischen Text schrieb man schon früh auch einen verborgenen, esoterischen Sinn zu; sein vielfacher Sinn konnte durch raffinierte allegorische Lesarten aus der einfachen Sprache verdichtet werden – wie die Sahne aus der Milch. Es entstand eine neue Kunst der Auslegung: Kunstvoll war das Esoterische im Einfachen verborgen und musste entfaltet werden.

Durch die rhetorisch hervorragend gebildeten Kirchenväter bekam das Evangelium ein Update. Ihre Auslegungen waren bestechend. Augustinus' *Confessiones*, seine Bekenntnisse, stehen den elegantesten Texten der Antike in nichts nach. Seine in ausgezeichneten römischen Rhetorikschulen gewonnene Redekunst hilft ihm, die Eleganz der antiken Dichter elegant zu denunzieren. Die heidnischen Texte, allen voran Vergil, seien dicht ornamentierte Teppiche, hinter die man nicht blicken könne. Man könne die Wahrheit nicht finden, weil man sich in der Schönheit der Muster und der Ornamente verirre und am Oberflächlichen hängen bleibe. Das Neue Testament hingegen sei ein Wortschleier, durch den die Wahrheit hindurchscheint. Kein Ornament verdecke sie.

Toxisch

Seit der Spätantike hielt die Kirche den antiken, klassischen Texten vor, dass sie durch elegante Sprache die Wahrheit verstellten. Ausgefeilte christliche Sprachkritik kulminierte im 17. Jahrhundert in Port-Royal, der Hochburg der jansenistischen Ideale des Kirchenlehrers Augustinus. Schon Augustinus selbst hatte Vergils *Aeneis* zum Gegentext des Evangeliums stilisiert; die Lektüre dieser vergifte, schrieb er, die Lektüre des Evangeliums dagegen nähre. Das Lesen der Episode mit Didos Selbstmord aus Leidenschaft führe zum Seelen-Selbstmord, zum Ehebruch gegen Gott. In Port-Royal verdammte nun der Theologe und Philosoph Pierre Nicole die Gattung der Romane und besonders das Theater. Beim Zuschauen wie beim Lesen würde man sich, durch die Schönheit der Sprache verführt, genüsslich leidend in die Welt verstricken und Gott verlieren, der doch einzig genossen werden sollte. Die elegante, geschliffene Sprache, deren unbestrittener Meister zu dieser Zeit Jean Baptiste Racine in seinen Tragödien war, verleite zur Leidenschaft für eine irreführende, weltliche Schönheit. Stattdessen solle die schlichte Sprache der Abwesenheit Gottes nachspüren und *ex negativo* seine Offenbarung versprechen, solle sich jede Leidenschaft auf den Herrn richten. Dieser Streit war besonders interessant, weil Racine ein Schüler Port-Royals war und seine Tragödien das Französische auf das Niveau der Eleganz des Lateinischen gebracht hatten. Paris hatte durch ihn, was die Eleganz der Sprache anging, das Rom des klassischen Zeitalters erreicht, wenn nicht sogar überflügelt.

Das Hauptwerk der Aufklärung, die *Enzyklopädie*, herausgegeben von den Gelehrten d'Alembert und Diderot, beschreibt die Eleganz vor allem als Eigenschaft der Sprache und in zweiter Hinsicht als Stilmerkmal der schönen Künste. Kein Geringerer als Voltaire widmet sich dort der Ergründung der Eleganz, die er vor allen Dingen als Stilmerkmal der *belles lettres*, der Literatur und der schönen Künste sieht.

Es gibt, befindet Voltaire ganz allgemein, neben natürlich eleganten auch unelegante Sprachen. Diese hätten zu viele harte Konsonanten, die aufeinanderprallen, statt sich harmonisch zu fügen, und zu viele grammatisch nötige Wortwiederholungen, die das Ohr beleidigen: Das Holländische oder das Schweizerische hören sich leicht wie Halskrankheiten an. Selbst sogenannte Muttersprachler (Anmerkung: wahrhaftig kein eleganter Begriff, genau wie »Muttersprachlerinnen« und gendergerechte Formulierungen) könnten sie nicht elegant finden. Das Deutsche, möchte ich hinzufügen, auch keine besonders melodische Sprache, ist vielleicht am ehesten mit einem Schuss Wienerisch genießbar.

Voltaire, ein Verfechter der Eleganz, bleibt in seinem Artikel sonst eigentümlich blass und konventionell: »Dieser Begriff bezieht sich im Französischen wie in der römischen Antike auf die Bildhauerei, die Malerei, die Redekunst und allen voran auf die Dichtkunst. In der Malerei und in der Bildhauerei bedeutet er nicht dasselbe wie Anmut.« Sein Augenmerk liegt auf der Eleganz der Dichtung, auf der Klarheit, der Angemessenheit und dem

Wohlklang des gewählten Ausdrucks. Als Inbegriff der Eleganz gelten ihm nach wie vor Cicero und Vergil, mit denen sich Frankreich wie gesagt bereits auf derselben Höhe sah.

Chrétien de Troyes – höfische versus tragische, antike Liebe – schöne Geschlechterverhältnisse – *infelix* Dido – verliggen – Liebe, gemeinschaftsstiftend – Eleganz, ein Ideal des glücklichen Zusammenlebens – Vollendung in der Liebe

Elegante Überflieger: *Erec und Enide*

Doch schon das Mittelalter sah sich mindestens auf der Höhe der Antike, glaubte sie aber eigentlich überflügelt zu haben. Die meisten fanden ihr höfisches Leben, wie es ideal in den Artusromanen entworfen war, der Antike weit überlegen, und zwar in puncto Eleganz. Die Eleganz des Zusammenlebens, Frauendienst und Frauenlob, Schönheit und Höfischkeit der Ritter, die Untadeligkeit der Damen, die wundersam keusche Anmut der golddurchwirkten und pelzbesetzten Kleider, die schöne Gefügtheit der Sprache hatte im Verständnis der zeitgenössischen Werke die harte, brutale Antike und vor allen Dingen deren tragische oder grotesk hässliche Liebeskonzeption überwunden.

Was die höfische Ritterlichkeit, in der sich alles um ein schönes Verhältnis der Geschlechter drehte, der Antike überlegen machte, war die Minnelehre. Die Romane der Artusrunde bildeten dieses höfische Ideal gegen die raue Welt der ungeschliffenen tumben Tore, der bösartigen Zwerge, die Königinnen einen Peitschenhieb ins Gesicht versetzten, aus. Um sich von ihnen zu unterscheiden, mussten die Regeln eines höfischen, seither höflichen Zusammenseins trainiert werden, das alle erfreut und keinen verletzt.

Trainingsfeld dieser Eleganz, des schönen Liebens und des schönen Umgangs, war der höfische Roman. Er lehrte das schöne Lieben, das schöne Herrschen, das schöne Leben.

Chrétien de Troyes' höfischer Roman *Erec und Enide* wurde um 1160 am Hof der Marie de Champagne geschrieben. Er stellt seinem Publikum vor Augen, wie man, mit Walther von der Vogelweide gesprochen, »zur Welte leben sollte«, kurz, wie man sich vollkommen benimmt, um vollkommen glücklich zu werden. Man lernt es, indem man vollkommen edel zu lieben lernt. Lange vor Baldassare Castigliones *Hofmann* entwarf der höfische Roman eine ideale Gesellschaft am Artushof.

Ich bin geneigt zu glauben, dass es vor allem die unerträgliche Härte der antiken Liebesvorstellung war, die Chrétien de Troyes anspornte, ein strahlend glückliches, schön liebendes Herrscherpaar in die Mitte seines Romans zu stellen. Allen steckte das Schicksal der von Aeneas schnöde verlassenen und betrogenen Dido, *infelix* Dido, Königin von Karthago, noch in den Knochen. Die Liebe war in der Antike eine Kriegslist, mit der die Götter die Menschen verheerten.

Für Vergil war die erotische Liebe asozial, gemeinschaftssprengend. Dido und Aeneas bleiben einfach im Bett, »von schnöder Wollust gefesselt«. Der Städtebau geht nicht voran, keine Türme steigen gen Himmel. Als »Halbmann« mit parfümtriefendem Haar, als »Weichling« wird Aeneas lächerlich. Wenn er einmal aus Didos Armen kommt, ist er in ihre purpurnen, golddurchwirkten Stoffe gehüllt, sein Dolch ist mit ihren köstlichen Edelsteinen, »blitzendem Jaspis«, besetzt. Als Weiberknecht beschimpft ihn Merkur, der ihn wieder auf Kurs in Sachen Patriotismus und Reichsgründung bringt.

Seine Männlichkeit muss Aeneas gegen seine Liebe, gegen Dido behaupten. Seine Mission heißt Vaterland und Männlichkeit; sein eigenes Reich soll er gründen, nicht die Herrschaft mit Dido teilen. Auf Jupiters Befehl verlässt er Dido, um seinem männlichen Schicksal der Reichsgründung entgegen zu segeln. Hoch über ihrer Stadt, auf den Terrassen ihres Palastes, stürzt sich die trostlose, liebeswahnsinnige Dido in das Schwert des Geliebten; ihr Blut möge über die Römer, ihre Kinder und Kindeskinder kommen. Und ihr Fluch geht in Erfüllung: Rom und Karthago werden sich in blutigen Kriegen zerfleischen. Liebe ist Krieg, sät Leid, Hass und Tod. Roms Geschichte ist letztlich keine elegante, der Stadt steckt der Krieg in den Knochen, Anflüge von Liebe bleiben fern und enden tragisch.

Ganz anders Erec und Enide. Sie übertreffen das unselige Paar Dido und Aeneas in allem. Auch ihre Geschichte beginnt im Bett, aus dem beide vor lauter Vergnügen und Entzücken am anderen nicht mehr herauskommen: »Verliggen« tun sie sich. Die Gemeinschaft und ihre Waffenspiele, die *aventure*, die seine Männlichkeit unter Beweis stellen würde, ist Erec in den Armen der schönen Enide völlig egal. Wie Dido für Aeneis, ist Enide für Erec zum Verderben geworden: Er ist, klagt sie sich selbst an, durch sie »zu Schanden« gekommen, im Bann des Liebemachens kein tugendhafter Ritter mehr. Aber am Ende von vielen lebensgefährlichen Abenteuern, die sie zusammen durch äußersten Mut und größte Klugheit bestehen, finden sie in einer angemessenen Weise zueinander, zur wahren Liebe und zu einem richtigen Miteinander in der Gesellschaft.

Am Ende ist ihre Liebe gemeinschaftsstiftend. Sie entzweit nicht in Krieg und Selbstmord, sondern vereint alle in liebender Harmonie. Diese Harmonie, diese angenehme Wohlgefügtheit der ganzen Gesellschaft zeigt sich an der ausgesuchten Höflichkeit, in den wunderschönen Kleidern, dem unglaublich kunstvollen Handwerk: herausragend die Elfenbeinschnitzereien, die geschliffenen Edelsteine, die wunderbar gewebten und bestickten Stoffe. Spiegel dieser Harmonie, dieses eleganten Lebens sind die gewählten, wohlklingenden Worte des Romans.

Schön zu lieben, schön und gut zu herrschen, ausgesucht zu sprechen, richtig zu leben, mutig zu kämpfen, großzügig alle prächtig auszustatten, heitere Feste zu feiern, in der *joie de la cour* die schönste, erlesenste Gesellschaft mit dem köstlichsten Zeitvertreib zu erleben, die sich denken lässt, davon in wohlgefügten und wohllautenden, wunderschönen Versen zu hören – das stellt die Antike in den Schatten. Viel freigiebiger als Caesar ist König Artus; schöner, lieblicher, couragierter und großherziger als die sagenhaft schöne Helena, glücklicher als *infelix* Dido ist Enide; tapferer und mutiger als der große Feldherr Alexander ist Erec.

Erec und Enide werden nach ihren Prüfungen, ihren *aventures* das edelste, kühnste, klügste, großzügigste, großherzigste und wunderbarste Paar am Artushof. Sein prächtig bestickter, von Goldfäden durchzogener, mit Zobel und Hermelin besetzter Samtmantel, seine mit strahlenden Edelsteinen besetzte Goldkrone tun der Männlichkeit Erecs keinen Abbruch. Seine Männlichkeit, ihre Weiblichkeit werden nicht durch ihre Liebe ruiniert, sondern vollenden sich darin. Alle freuen sich mit ihnen und erstrahlen in ihrem Glanz.

Arme nackte Volkssprachen – das unerreicht elegante Vorbild des Lateinischen – geschliffen elegant – aufpfropfen

Mit fremden **Federn**

Erst die Renaissance, von der der Kunsthistoriker Erwin Panofsky sagte, sie habe weinend am Grabe der Antike gestanden, sah sich nicht mehr in einem Kontinuum des Sich-Überbietens mit der Antike. Für die Renaissance war die Antike eine vergangene, abgeschlossene Epoche, die es in ihrer unerreichten Größe und Schönheit wieder zu erreichen galt. Das Mittelalter war aus dieser Perspektive eine glanzlose, fast barbarische Zeit und wurde kurzerhand zum finsteren erklärt. Dieser Verleumdung des Mittelalters durch die Renaissance folgen wir bis heute. Besonders die Sprache, fanden die Humanisten, ließe inzwischen sehr zu wünschen übrig. Viel musste geschehen, sollten die »armen nackten« Volkssprachen jemals die Eleganz des Lateinischen erreichen, von der man sich Lichtjahre entfernt sah.

Emphatisch begeisterte sich der Römer Lorenzo Valla, ein Begründer der modernen Textkritik, in seinen *Elegantiae* über die herausragend elegante Formvollendung der lateinischen Sprache, durch die Rom noch immer über die Welt herrsche: »Gewaltig ist daher das Sakrament der lateinischen Sprache, gewaltig fürwahr ihre Göttlichkeit, welche bei den Fremden, bei den Barbaren und sogar bei den Feinden heilig und gewissenhaft so viele Jahrhunderte hindurch bewahrt wurde, so dass wir Römer nicht so sehr darüber zu trauern brauchen, als uns vielmehr daran erfreuen und sie vor den Ohren der ganzen Welt preisen müssen. Zwar haben wir Rom verloren, haben das Reich und die Herrschaft verloren – wenn auch nicht durch unsere Schuld, sondern durch die der

Zeit – aber dennoch regieren wir durch die glänzende Herrschaft der Sprache in einem großen Teil der Erde. [...] Dort nämlich ist römisches Reich, wo die römische Sprache herrscht.«

Durch Anlehnung an das Lateinische versuchten die Dichter und Philologen der Renaissance die Volkssprachen auf die elegante Höhe des Vorbildes zu bringen. Mit fremden Federn, so wie es der französische Schriftsteller Joachim du Bellay unumwunden empfahl, schmückten sie die eigene Sprache. (Heute würden manche wohl von kultureller Aneignung sprechen, aber ohne die gäbe es weder Kultur noch Eleganz.) Die Humanisten bemühten sich darum, die klare Grammatik, den ausgesuchten Wortschatz, die wohllautende Form in die eigenen Sprachen zu übertragen, da diese als Verzerrungen und Verkümmerungen des Lateinischen wahrgenommen wurden: Im Prozess dieser *translatio* war es mit sklavischer Mimesis oder Nachahmung nicht getan, es ging um Eleganz.

Desiderius Erasmus von Rotterdam wusste: Um wie Cicero zu schreiben, darf man *nicht* wie Cicero schreiben. Denn der hatte seinen eigenen Stil durch Übertragung aus dem Griechischen entwickelt und nicht nur nachgeahmt. Man imitierte einen Prozess, den Prozess der Veredelung des Lateinischen durch das Griechische. Die Ideale, die Erasmus von Cicero übernahm, waren Deutlichkeit, Reinheit, Kürze und Wohlklang. Einst, so die Hoffnung du Bellays, sollte das Französische so geschliffen elegant klingen wie das Lateinische. Die dafür passende Metapher war die des Aufpfropfens: Wie ein Baum sollte die Sprache dadurch veredelt werden. Obwohl durch diese komplizierte Technik viel kunstvolles Bemühen in die Eleganz der Blüten und Früchte gesteckt wird, würden die aufgepfropften Zweige schon bald nicht mehr fremd, sondern natürlich wirken.

Castiglione – Urbino, der eleganteste Hof der Welt – Adel und edel – Eleganz, ein für alle erreichbares Ideal – geistreich – souverän im gegenseitigen Gefallen – geglücktes Miteinander – göttliche Schönheit – Machiavelli – Jacob Burckhardt – großzügig nachlässig – ungezwungen – Stadtparlamente – Kollegen – *act naturally, stay cool*

Selbstverständlich elegant: Hofdame und Hofmann

Selbstverständlich elegant

Der bereits kurz erwähnte Graf Baldassare Castiglione (1478–1529) war selbst ein Hofmann, als er sein *Libro del Cortegiano*, *Das Buch vom Hofmann*, zu Anfang des 16. Jahrhunderts schrieb. Es wurde ein internationaler Bestseller. Am Hof von Urbino, »dem schönsten, strahlendsten Hof der Welt«, so stellt sich der mit verblüffend vielen verschiedenen Stimmen sprechende Autor vor, treffen sich im Jahre 1507 an vier aufeinanderfolgenden Abenden unter dem Vorsitz zweier Damen, der Herzogin Elisabetta Gonzaga und ihrer Schwägerin Emilia Pia, einige prominente Intellektuelle Italiens. Unter ihnen findet sich der Dichter, Humanist und Kardinal Pietro Bembo, der uns bereits als Meister der Eleganz des Lateinischen begegnet ist. Was sind die Qualitäten des idealen Hofmanns, der idealen *donna di palazzo*? Natürlich geht es um die Bildung des *uomo universale*, der ein Ideal nicht nur für die Adeligen, sondern für jeden darstellt.

Castigliones süßer Prinz ist nicht nur vielsprachig gewandt, höflich, umsichtig, respektvoll; er ist elegant in Schwarz gekleidet (da war Castiglione seiner Zeit voraus), vor allem aber gibt er nicht etwa an und erzählt allen, er sei der Größte. Der elegante Mensch ist, natürlich, ein glänzender Tänzer, Musikerin, Malerin und Dichter. Er oder sie muss gar nicht adelig sein, denn man wird nicht elegant geboren, sondern man macht sich dazu: zum Menschen im vollen Sinne des Wortes. Wer das schafft, wem die Eleganz zur zweiten Natur geworden ist, wirkt in sich vollkommen. Auf jeden Fall ist sie oder er auf diese Weise Teil der erlesenen Gesellschaft. Beau

Brummell versetzte die adelige Gesellschaft in Angst und Schrecken, weil er öffentlich darüber befand, ob einzelne Personen die Eleganz zu ihrer Natur, zu ihrer Sache gemacht hatten. Oder eben trotz adeliger Geburt gemein, gewöhnlich geblieben waren.

Für Castiglione ist die Eleganz weniger die Eigenschaft eines gebildeten Individuums, sondern höchstes Ideal des gesellschaftlichen Umgangs, ein geglücktes und beglückendes Miteinander. Castiglione bringt nicht bei, wie man sich, seine Eigeninteressen befördernd, der Macht nähert, sondern er bindet die gute Regierung an eine elegante Gesellschaft, die sich zum Gefallen aller miteinander ins schönste Benehmen setzt. Ohne eine elegante, gewandte, kosmopolitische, gleichberechtigte Gesellschaft, ohne gebildete, witzige, schlagfertige Gesprächskultur, ohne das gegenseitige Gefallen-Finden, gibt es keine gute Regierung. Der *Hofmann* betreibt so etwas wie eine Demokratisierung der Fürstenspiegel, jener Benimmschriften für mustergültige Adlige. Er erreicht das über die elegante Versinnlichung von Religion, Macht und Moral. Schönheit und Gott sind in der Eleganz ein- und dieselbe.

Niccolò Machiavellis *Il Principe* dagegen hatte Grundregeln für den Machterhalt und die Machtvermehrung um jeden Preis, auch den der abscheulichsten Hässlichkeit, an die Hand gegeben. Das führt allerdings auch zu einem fürchterlichen Krieg aller gegen alle, zur allgemeinen Spaltung der Gesellschaft. Gemeinsam ist allen ihren Gliedern nur die gegenseitige Ausbeutung, das Abzocken,

Abschlachten und Ausnehmen. Castigliones *Hofmann* empfiehlt konträr dazu die schöne Verbindung aller mit allen (außer mit Feinden), die in der Gegenseitigkeit des Gefallens gemeinsam souverän macht.

Der Basler Kulturhistoriker Jacob Burckhardt hat in seiner *Kultur der Renaissance* richtig gesehen, dass Unterordnung zwecks Machtsteigerung nicht die Sache des *Cortegiano* ist: »Alles wohl erwogen, könnte man einen solchen Menschen an keinem Hof brauchen, weil er selber Talent und Auftreten eines vollkommenen Fürsten hat und weil seine ruhige und unaffektierte Virtuosität in allen äußeren und geistigen Dingen ein zu selbstständiges Wesen voraussetzt.« Castigliones Ideal hat ihm also offenbar nicht eingeleuchtet; ich finde es nach wie vor aus genau dem Grund berauschend, der Burckhardt machiavellisch zögern lässt: Wenn jeder Anspruch der Unterwerfung und Unterjochung anderer aufgegeben und jede servile Unterwerfung zum eigenen Vorteil einem angstfreien, heiteren, hierarchiefreien Miteinander gewichen ist, also jede und jeder die Qualitäten eines idealen Fürsten hat, sieht das nach einer guten Regierungsform aus. Heute wäre ein Äquivalent des Hofs vielleicht das Stadtparlament, und überglücklich könnten wir sein, würden dort nicht Phrasen im Überfluss gedroschen, allzu Bekanntes *ad infinitum* wiederholt. Würde man etwas Überraschendes hören, wären die Umgangsformen nicht mit der Lupe zu suchen, sondern ginge es so heiter, witzig und divers zu wie am Hof von Urbino – jedenfalls nach Castiglione.

Dieses geglückte Miteinander wird von ihm unterhaltsam inszeniert. Der *Hofmann* ist keine trockene Abhandlung, sondern ein charmantes, liebenswürdiges Gespräch, in dem man zuhört, aufeinander eingeht, nicht aneinander vorbeiredet, nicht eitel doziert, keine leeren Phrasen zum Besten gibt oder Expertenwissen ausbreitet, sondern sich gewitzt streitet, schlagfertig pariert, auch mal den *advocatus diaboli* spielt, damit der andere in der Rolle des *chevalier des dames* auch richtig glänzen kann. Kurz, das Buch erzählt nicht nur von Eleganz als Form, welche die Gesellschaft bindet, es ist selbst elegant. Die hohe Kunst des Gefallens wird nicht nur gelehrt, sondern praktiziert.

Wie fallen dagegen viele Unterhaltungen ab, wie wir sie heute oft führen. Gänzlich unelegant klagt man abendfüllend, wie überlastet man ist, einfach am Anschlag. Völlig erschöpft. Und sofort ist herauszuhören, wie leistungsstark, unabkömmlich und wichtig man eigentlich ist, Leistungsträger. Nichts uneleganter als ausuferndes Expertentum. Alles gähnt, weil fast so schlimm wie der Kollege, der am Telefon umständlich, stundenfüllend kompetente Kenntnisse allfälliger Verwaltungspraktiken auseinandersetzt. Man surft dabei im Netz, erledigt E-Mails – oder, besser, widmet sich dem *Cortegiano.*

Sprezzatura – scheinbare Mühelosigkeit – und *disinvoltura* – großzügige Nachlässigkeit – machen das Zusammenleben heiter. Alle Anstrengung löst sich in Leichtigkeit und lässt noch das Schwerste beiläufig erscheinen. Die hohe Kunst liegt darin, die Kunst zu verbergen. Das entspricht dem Sein Gottes in der Natur: überall anwesend, nirgends sichtbar. Alles ganz natürlich, wie die Beatles in schönem Kunst-Paradox verordneten: *act naturally* – normal statt angestrengt oder aufgesetzt. Gelingt das nicht, wird es affektiert. Diese Lässigkeit heißt französisch *nonchalance*; »cool« sagt man heute. Man kann daran ablesen, woher die Ideale der guten Lebensführung kamen: aus dem Italienischen, dem Französischen und jetzt meist dem Angelsächsischen.

Zusammenleben der Geschlechter – Kunst des Tanzes – Gleichheit der Geschlechter – Gott, mal weiblich, mal männlich, ist schön – Regentinnen, Philosophinnen – Sexualmoral – Bestien

Eleganz als Lebensform

Die Lebensform der Eleganz ist gleichberechtigt und schließt beide Geschlechter ein. Besser gesagt: Das Gefallen der Geschlechter aneinander, das Zu-Gefallen-Sein, ist das Herz der Eleganz. Die Damen sind die Freude und die Zierde der Gesellschaft. Das Herz der Männer erheben sie aus Elend und Traurigkeit. Ohne sie wäre das Leben ohne Süße: herber, harscher, härter, steiniger als die hochmütigen Alpen, die man seinerzeit nicht für sublim, sondern schlicht für unerträglich hielt. Der Platz der Damen ist nämlich die Öffentlichkeit, nicht das Zuhause. Das genaue Gegenprogramm zu dem Motto »Kinder, Küche, Kirche«. So viel wie möglich möchte man von ihnen hören und sehen.

Das elegante Leben ist darauf ausgerichtet, aus dem Unterschied der Geschlechter für beide das größte Vergnügen zu ziehen. Ohne Frauen, ohne ihre Sanftheit, Zärtlichkeit, Lebhaftigkeit und Anmut gibt es kein elegantes Leben, alles wäre bedrückend schwer und freudlos. Die Liebe ist der treibende Motor eleganten Zusammenseins. Denn wer liebt, wird ein besserer Mensch; er ist liebenswürdig, um der Geliebten zu gefallen. Die Kunst des Tanzens, die der süßen Musik, die der schönen Verse ist der Liebe als Antrieb zur Eleganz zu verdanken. Selbst das Gotteslob ist seit dem Hohelied nach der erotischen Geschlechterliebe buchstabiert. Petrarca wird in Anbetung seiner Laura zum heimlichen Liebling aller.

Klar und bestimmt setzt sich der *Cortegiano* von dem antiken Misstrauen gegenüber der Liebe, von der Liebe als Krankheit und Wahn, von der Geringschätzung der

Weiblichkeit ab. In der Antike galten die Frauen üblicherweise als lüsterner und schwächer im Fleisch; sie aufs Haus zu beschränken und dort eisern der männlichen Autorität zu unterstellen war ein *remedium* gegen ihre Schwäche. Bauen konnte man auf sie nicht. Sie liebten einmal hier, einmal dort und ahnten kaum, was Treue ist. Vor allem lenkten sie die Männer vom Wichtigen ab, denn der lüsterne Umgang mit ihnen verweichlichte, verweiblichte. Ausschließliche Aufgabe der Frauen hatte das Gebären legitimer – versteht sich – Kinder zu sein. Da geht es auch kaum ohne sie.

Im *Hofmann* werden all diese Argumente aufgeführt, um beherzt widerlegt zu werden. Leidenschaftlich plädiert der Fürst für die Gleichheit der Geschlechter. Gott schuf die Menschen nach seinem Ebenbild, und als Frau und Mann schuf er sie. Das Geschlecht Gottes ist einmal männlich, einmal weiblich. Hört sich an wie feministische Theologie. Eine Frau mag die Vertreibung aus dem Paradies verschuldet haben, aber Evas Fehltritt wird durch Maria, die Vollkommenste unter allen Menschen, mehr als wiedergutgemacht. Frauen regieren so gut oder besser als die Männer – siehe Amalasuntha, Teodolinda, Theodora, Matilda, Anne von Frankreich, Isabella I. von Spanien, Isabella von Aragón und Kastilien. Sie dichten und musizieren so gut wie die Männer und sind philosophisch ebenso gebildet und ingeniös. In der Ehe steht sogar die Frau über dem Mann, der sich ihrer Sanftmut liebend unterordnet; barbarisch wäre es, in ihr nur die Mutter seiner Kinder zu sehen.

Das alles setzt der Fürst gegen die antiken Einreden seines Freundes. Denn bei Platon war die Eleganz eher eine homosoziale Angelegenheit, und für die tugendhaften Römer der Republik war der Platz der Frauen im Haus. Sind sie nicht treue Gattinnen, gute Mütter, fest ans Haus gebunden, bringen sie Krieg und Verderben über alles; Troja fiel schließlich durch eine Frau. So konnte Vergil die Liebe nicht als eine zivilisatorische Kraft erkennen, die das Beste aus den Menschen macht, sondern nur als wahnhafte, letzten Endes zerstörerische Verblendung. Sie ist eine Passion, die Patriotismus und Männlichkeit gefährdet, und vor der man sich so gut schützen muss, wie es eben geht. Keine Eleganz dabei in Rom; erst am Ende der Republik, von Cicero bis Petronius, deutete sich etwas anderes an, und das ist eine Errungenschaft, die Augustinus fast die Flucht zurück in die Republik antreten lässt. Im Misstrauen gegen die Liebe, in der Abwehr und Verurteilung der Frauen scheitert die Eleganz kläglich.

Sogar in Fragen der Sexualmoral wird am Hof des *Cortegiano* für Gleichheit plädiert; den Frauen die Keuschheit aufzubürden, ihre Affären mit dem Ruin ihres Rufs zu bestrafen, um den Männern ebendies durchgehen zu lassen, gilt nun als brutal. Die Liebe und sogar das Liebemachen darf nicht an die Ehe gebunden werden, denn findet eine Frau in der Ehe kein Glück, wäre es grausam für sie, dem unerträglichen, ungeliebten Ehemann treu bleiben zu müssen und das Liebesglück nicht anderswo suchen zu dürfen.

Mit dem *Hofmann* feiert die Eleganz zu Anfang des 16. Jahrhunderts zum ersten und letzten Mal einen leuchtenden Triumph im Herzen der tonangebenden Schichten der Gesellschaft und der Macht; sie ist eine Form der Religion. In ihrem Band, in ihrem Verbindenden, Einbindenden wird alles Überirdische sinnlich schön. Gott selbst ist ausgesucht schön, ausgesucht schön ist das Menschliche, das sich durch die Schöpfung ihrer zweiten Natur vollendet. Göttlich ist der Mensch darin ohne Selbstüberhebung, wie Gott in der Schöpfung überall anwesend, aber nicht sichtbar: Eleganz in *sprezzatura* und *nonchalance* vermittelt eine Ahnung davon, einen Vorgeschmack dessen, was Erlösung sein kann. Ausgesucht schön ist die Gesellschaft in Eleganz verbunden, unwiderstehlich.

Allerdings gab es bekanntlich im 16. Jahrhundert wesentlich pessimistischere Ansichten auf die Lage der Dinge. Zuvor gebührte Niccolò Machiavelli die Palme des Schwarzsehens – was man seither realistisch nennt. Nicht in göttlichem Schliff elegant, sondern schlimmer als Bestien erscheinen die Menschen in seinem *Fürsten*. Der Absolutist Thomas Hobbes hat das in seinem *Leviathan* auf die Formel vom Menschen, der dem Mitmenschen ein Wolf immer war und ist, gebracht. Noch im Eigensten zerfleischen sie sich schlimmer als die Tiere.

Nicht die Harmonie der Künste und als deren Krönung den Menschen empfindet Machiavelli, sondern eine Gesellschaft, in der alle verbissen um den eigenen Vorteil kämpfen und auf das tierischste Niveau sinken.

Der italienische Philosoph und Dichter sieht alles im tragisch unerlösten Licht der Antike. Seit dem Fluch der Atriden, der in jeder Generation einen Mord prophezeit, seit den römischen Bürgerkriegen, ist nichts wirklich besser geworden für ihn; Augustinus verlegt mit seinem Gottesstaat eine glückliche Welt, im Hier und Jetzt unbehaust, ins Jenseits. Mutig hat dagegen Castiglione den Versuch unternommen, Gemeinschaft und Gesellschaft in der Immanenz der Eleganz gegen dieses Barbarische zu stellen.

Chambre bleue – Gegenräume der Macht – blaues Band – funkelnd – nonchalant – Madame du Deffand – leichtherzig – lakonisch – Madame du Châtelet – Voltaire, umwerfend elegant – Saint-Lambert – Schwangerschaft in fortgeschrittenem Alter – die göttliche Emilie

Eleganz der **Frauen**

Im 17. und 18. Jahrhundert wandeln sich die Orte der Eleganz in weiblich bestimmte Gegenräume zu den herrschenden Mächten. Die Marquise de Rambouillet versammelte in ihrem *chambre bleue* alles, was sich durch souveräne Intelligenz und Lebenskunst auszeichnete: Madame de Sévigné, Madame de Lafayette, Pierre Corneille, François de La Rochefoucauld – alle verkehrten in dieser paradiesischen Parallelwelt, wo der duftende Frühling sein blaues Band flattern ließ. Für die Aufklärung wurden und blieben die Salons zentral. Über die Enge der Moral, die steife *étiquette*, die hierarchischen Machtgefüge setzte man sich souverän nonchalant hinweg. Die Autoritäten nahm man nicht ganz ernst; einzig zählte die hohe Kunst, durch verbalen Witz zu gefallen. Funkelnd waren die Wortgefechte, die man sich lieferte.

Viele der Salonnières lebten in einer Freiheit, die im 19. Jahrhundert ganz undenkbar wurde. Madame und Monsieur du Deffand fanden aneinander keinen Gefallen, man trennte sich. Die immer gelangweilte du Deffand, die nichts noch langweiliger fand als den Kampf gegen die Langeweile, hatte vorübergehende Liebhaber und verliebte sich mit fast siebzig Jahren in einen zwanzig Jahre jüngeren Mann, Horace Walpole, mit dem sie einen zehn Jahre dauernden Briefwechsel unterhielt, ohne Pathos, supercool. Ohne diese Art der leichten Blasiertheit ist Eleganz dann nicht mehr zu denken. Mit lakonischem Witz, stechender Pointe verspottete Madame du Deffand den großen Rousseau, einen Mann, der sich selbst sehr ernst nahm: »J'ai esperé rencontrer un

Rousseau, et j'ai rencontré un roux sot.« – »Ich hoffte, einen Rousseau zu treffen, und habe einen rothaarigen Lümmel getroffen.«

Die Leichtherzigkeit, Souveränität und Eleganz des *siècle des lumières* zeigt vielleicht folgende Geschichte wie keine zweite: Madame du Châtelet, die große Gelehrte, stirbt mit dreiundvierzig Jahren in Lunéville am Hofe Stanislaus', wo sie die Schriften Newtons herausgibt, an den Folgen der Geburt einer Tochter. Madame du Châtelet ist verheiratet, hat aber fünfzehn Jahre lang zusammen mit Voltaire in ihrem, von diesem wunderbar restaurierten und eingerichteten Schlösschen Cirey zusammengelebt. Mit Anfang vierzig verliebt sie sich in Jean François de Saint-Lambert, einen Höfling und Dichterdiplomaten. Von ihm wird sie schwanger; Saint-Lambert, die Marquise und Voltaire sind sich einig, dass vor der Welt ihr Ehemann als der Vater gelten müsse. Das erste Bravourstück Voltaires ist es, den Marquis jedenfalls für kurze Zeit unter dem Vorwand einer Prozessangelegenheit zu der Marquise zu bringen, damit er als Vater des Kindes ihres Geliebten Saint-Lambert figurieren kann. Und es gelingt: Der strahlende Marquis verlässt Cirey in der Gewissheit, einen weiteren Erben gezeugt zu haben.

Wenige Tage nach der Geburt ihrer Tochter stirbt die Marquise. Voltaire findet in ihrem Nachlass einen Ring mit einem Portrait. Dem Vater des Kindes, Saint-Lambert, schreibt Voltaire über diesen Ring, er habe darin weder Saint-Lamberts noch sein eigenes Bild, sondern das eines Dritten gefunden. Ihnen beiden, befindet Voltaire, gedeihe das nicht zu Ehre und Ruhm. Siehst du, mein Freund, schreibt er sinngemäß, weder dir noch mir ist es gelungen, das feurige Herz der göttlichen Emilie ganz zu gewinnen.

Voltaires Geschick, seine Großzügigkeit, seine fehlende Eitelkeit und Eifersucht, sein Schalk machen ihn umwerfend elegant. Dieser Eleganz wird dadurch ein Licht aufgesetzt, dass man nicht weiß, ob er Saint-Lambert die Wahrheit schreibt. Vielleicht war doch Saint-Lamberts Portrait in dem Ring, und Voltaire versetzt der Eitelkeit dieses Frauenlieblings einen empfindlichen Stich und rächt sich für das frühe Ableben seiner Freundin. An ihrem Totenbett jedenfalls beweinen Voltaire, Saint-Lambert, der Marquis und der ehemalige König von Polen, Stanislaus, an dessen Hof in Lunéville die Marquise geboren hatte und gestorben war, die göttliche Emilie.

Rousseau – bürgerliche Familienordnung –
alles Brüder, bloß die Frauen nicht – kriegsfähig –
Dienst am Vaterland – restaurierte Männlichkeit

Feinde der Eleganz

Die Gesellschaften der Salonnières waren dem Aufklärer Jean-Jacques Rousseau, der wie kein anderer die mit der Revolution entstehende Geschlechterordnung und die bürgerliche Familienordnung des 19. Jahrhunderts geprägt hat, ein Dorn im Auge. Ging es ihm doch vor allem darum, die zeitgenössische Gesellschaft radikal zu verändern. Verändert werden sollte vor allem der Platz von Männern und Frauen. Eine Maxime aus den Anfängen der römischen Republik wollte Rousseau unbedingt umgesetzt sehen: Je weniger man von Frauen hört, je weniger man von ihnen sieht, desto besser ist es um die Republik bestellt.

Die Republik der Gleichen und Freien, in der alle Menschen Brüder wurden, bloß die Frauen nicht, war das Ziel. Gleichheit der Männer ist für Rousseau nur durch Ausschluss der Frauen zu erreichen. Richtige Männlichkeit ist auf den Platzverweis alles Weiblichen aus der Öffentlichkeit angewiesen; sonst brächte der Wunsch, den Frauen zu gefallen, die Männer gegeneinander auf. Jeder kämpfe dann gegen jeden um ihre Gunst. Außerdem lenkte er von dem ab, was richtige Männer eigentlich lieben sollen: nicht die Frauen, sondern das Vaterland, dessen Verteidigung sie in Blutsbrüderschaft vereinigt.

Nicht Frauendienst, sondern Dienst am Vaterland haben Männer zu leisten. Im Salon, im Theater sah Rousseau die Orte eines alle Männlichkeit verheerenden Frauendienstes. Alle buhlten gegeneinander um die Gunst, sei es der Salonnières, sei es der Schauspielerinnen. Kurzerhand erklärte Rousseau diese souveränen

Damen zu öffentlichen Frauen, Huren. Schiller sollte ihm darin mit seiner »berühmten Frau« folgen.

Um kriegsfähige, wehrhafte Männer zu erziehen, ist es in Rousseaus Augen unabdingbar, dass die Frauen auf ihre Mutterrolle beschränkt werden. Eine Gesellschaft, die kriegstauglich sein will, kann sich nicht unter das Diktat der bei Rousseau weibisch konnotierten Zunge stellen, sondern sie muss stark und männlich Waffen führen. Nicht Worte, Taten werden gebraucht. Körpertüchtigung, Abhärtung, nicht verweichlichende Verzärtelung sind für eine Republik notwendig. Keine Warmduscher, keine Frauenversteher. Ein Königreich mag sich mit Untertanen begnügen, eine Republik braucht von Frauen freie Männer.

Ich habe nie verstanden, warum Rousseau jemals für einen fortschrittlichen Denker gehalten worden ist. Die Moderne, die er entwarf, ist ein Albtraum. Am Ende erschöpfte sich Rousseaus Replik gegen das *ancien régime* in einem einzigen maskulinistischen Protest: Die Republik sollte die verlorene Männlichkeit restaurieren.

Rousseaus gepredigtes Gesellschaftsideal steht im krassen Gegensatz zu dem höfischen Ideal des Mittelalters von einer glücklichen, schönen, ausgesuchten, Frauen und Männer mischenden Gesellschaft, wie wir sie in *Erec und Enide* kennenlernen. Das heitere, scherzende, flirtende, tanzende Miteinander der Geschlechter, aber auch der gewürzte Wortwitz waren für die Eleganz entscheidend, die der Inbegriff des sozialen Glücks war. Ohne die Gesellschaft der Frauen, wären sich Chrétien de Troyes und Castiglione einig, gäbe es keine Eleganz. Rousseaus Gesellschaftsideal stand in hartem Gegensatz zu den eleganten Gesellschaftsidealen, die das 16. bis 18. Jahrhundert verfeinert hatten.

Dort standen funkelnde Wortgefechte, Tanz, Spiel, Galanterie, Theater, Musik, Kleidung und Dichtung im Vordergrund, an denen Frauen in nichts hinter Männern zurückstanden. Die spielerische, leichtherzige Geisteswendigkeit war wichtiger als das spartanische Waffenideal harter, wehrhafter Männlichkeit. In den Salons stichelte man nicht mit Dolchen, sondern mit spitzer Zunge: Jede Frau konnte ihr Gegenüber treffsicher, durch eine sarkastische oder spöttische Pointe erledigen, aber auch durch Wortwitz entzücken und fesseln. Man hat prompt, nach Rousseau, diesen Gesellschaften ihren Elitismus vorgeworfen: Ein solches Ideal könne nur von den *happy few* gelebt werden. Aber Meritokratien (Leistungsgesellschaften) sind auch die modernen Demokratien, wenn sie nicht in Plutokratien ausarten, wo das Geld herrscht. Allein, der Verzicht auf Eleganz brächte es nicht zu den ersehnten *happy all*. Und wären wir erst einmal so weit, stünde diesen *allen* die Eleganz besser zu Gesicht, erfreute sie diese erst in ihrer Allheit.

Natürlich hat die Revolution, anschließend an die Reformation, um die Vermännlichung auch und besonders des Wortes gerungen. Das war in der Antike nicht notwendig, wo die Waffen mit dem Wort regierten: Wo es römische Waffen gab, da war lateinische Sprache. Die Renaissance, wesentlich souveräner als Reformation und Revolution, musste die Männlichkeit des Wortes nicht mit Klauen und Zähnen verteidigen und sah die Wortgewalt nicht als weibliche Domäne. Durch Witz sahen sich die Humanisten nicht in ihrer Männlichkeit bedroht. Der gallische Herkules regierte die Welt mit der Zunge, an die er alle – ein berühmtes Bild der Zeit – mit Ketten fesselte.

In der offenbar als nötig erachteten Vermännlichung des Worts waren die deutschen Lande seit dem 18. Jahrhundert erfolgreicher als Frankreich. In der Universität sprachen nur die Männer, *ex cathedra*, kraft des höheren Amtes wie von der Kanzel herab. Das gesprochene Wort wird hierarchisch männlich; es bestätigt die Autorität des Sprechenden. Ein brillanter Schlagabtausch, Wortwitz und das *bonmot* blieben den Gesellschaften der Salonnières vorbehalten. Glücklicherweise haben sich Spuren der Salonkultur im 19. Jahrhundert in der Romantik und bis ins Empire gehalten: Madame de Récamier und Rahel Varnhagen von Ense waren die berühmtesten Salonnières dieser Zeit und verkörpern Versionen von Eleganz. Im Gegensatz dazu waren die Universitäten und Akademien fast ausschließlich von Männern geprägt, dominiert und geführt.

Segregation – gynäkophob – Genderkorsett – Genfer Republik – souveräne Frauen – Pariser Sündenbabel – Eunuchen – Harem – Huren

Streng geteilt, die Geschlechter

Rousseau plädierte für die strikte Segregation der Geschlechter aus den genannten Gründen: Solange die Frauen nichts mit den Männern machen, können sie machen, was sie wollen. Man meint immer noch und zu oft, mit der Moderne, der Französischen Revolution, den Republiken sei man in Richtung Fortschritt unterwegs und alles werde besser. Was die Gleichheit der Geschlechter angeht, habe sich seit dem *ancien régime* viel getan. Man vergisst dabei, dass die Republik sich weniger auf die schneidenden Ironiker wie den geistreichen Voltaire stützte, den souveränen Verteidiger der Eleganz, als auf den misogynen, geradezu gynäkophoben Rousseau, dem nichts fremder und suspekter war als Eleganz.

Rousseau wuchs im calvinistischen Genf, einer Stadt-Republik auf; dort hatte er das ihm fremde, aristokratische Frankreich verachten gelernt. Das Einzige, was Genf und Paris – Gesellschaften, wie man sie sich gegensätzlicher nicht vorstellen kann – verband, war die Sprache. Rousseau stilisierte das elegant verderbte Paris zum Gegenbild seiner fiktiven idealen, strengen, keuschen Genfer Republik. Dieser bürgerlich-republikanische Blick Rousseaus auf das Paris eines Regimes, das schon bald *ancien* heißen sollte, lässt einen die Abgründe, die uns von dieser Zeit trennen, begreifen.

Hier, in Paris, ist von der modernen, bürgerlichen Geschlechterordnung, die uns heute als das natürlichste der Welt, ja als unvordenklich erscheint, keine Spur. Private und öffentliche Sphäre sind nicht getrennt. Von einem Ausschluss des Weiblichen aus dem öffentlichen

Leben und von allen öffentlichen Belangen kann keine Rede sein. Wir sind meilenweit von einem polaren Geschlechtermodell, das Weiblichkeit im besten Fall mit Herz und Männlichkeit mit Vernunft assoziiert, entfernt. Das Genderkorsett – um es modern zu sagen – war längst gesprengt. Die Frauen des *ancien régime* herrschten souverän; frei waren sie, nicht ihrem Geschlecht unterworfen, ihrem Ehemann untergeordnet oder in einer publikumsbezogenen Privatheit auf reproduktive Funktionen beschränkt. Den Raum des Privaten und der Familie, dessen Intimität es zu wahren gilt, gibt es noch nicht. Die eheliche Liebe muss noch erfunden werden. Ehe, meinte Rousseau, sei in Paris ein Zusammenschluss von Junggesellen und Junggesellinnen. Keine Rede von ehelicher Treue oder, moderner formuliert, fruchtbarer Heterosexualität im monogamen Paar. Promiskuität, aber auch Keuschheit wurden nicht als Perversion heterogeschlechtlich aktiver Natur angesehen, sondern als normal. Die Menschen sind noch nicht zu Männern und alle Menschen nicht zu Brüdern geworden; die Frauen sind noch nicht auf ihre Rolle als Ehefrau und Mutter beschränkt und ans Haus gefesselt.

In Paris findet Rousseau das Sündenbabel, von dem ihm zu Hause als der Inbegriff aller Korruption gepredigt wurde. Das *ancien régime* beschreibt er als Reich der Galanterie, in dem die Frauen unumschränkt herrschen, weil die Männer ihnen zu Gefallen sind – hört sich für uns nach eleganter Gesellschaft an. Rousseau definiert die Pariser Gesellschaft seiner Zeit als Gegenraum zur ländlich-patriarchalen Schweiz und zur reinen Republik Genf. Paris wird ihm aber auch zum Gegensatz seines politischen Ideals: zum Gegenraum einer tugendhaften römischen Republik. Erst recht ist Paris Gegenteil des von Rousseau so geliebten Sparta, das von Eleganz keinen Schimmer hat.

Mit einem Harem vergleicht Rousseau die Pariser Salons, in denen sich die Geschlechter in einer erotisch aufgeladenen Atmosphäre mischen. Allein der Eros regiert, und alle antike *virtus*, alle patriarchalische Natürlichkeit wird zersetzt. Allmächtig herrschen hier im Zeichen der Rhetorik, der kunstvoll schönen Sprache, die Frauen – durch Schminke, reizende Kleider und Wortgeklingel –, und um aufrechte Männlichkeit ist es geschehen. Angst vor der Entmännlichung durch die von ihm als orientalisch gebrandmarkten französischen Sitten treibt Rousseau: Als bloßes Lustwerkzeug der Frauen, denen die Männer nach deren Willen zu Gefallen sein müssen, werden sie zu Lustknaben der Damen. Männer und Frauen – das Natürlichste wird in diesem Ort pervertiert: Frauen werden zu tyrannischen Idolen oder zu Männern, Männer zu Eunuchen, verweibischt. Unvorstellbar ist für Rousseau, dass die gleichberechtigte Liebe im eleganten Umgang der Geschlechter ideale Männlichkeit, ideale Weiblichkeit erst hervortreibt. Eher hält er es mit dem Jupiter des Vergil, der in den Frauen eine Gefahr, eine schreckliche Bedrohung für die Männlichkeit sieht. Männer werden durch Frauen verweichlicht, verweibischt: Halbmänner,

Weiberknechte. Wie Aeneas, um dessen Männlichkeit es geschehen wäre, hätte er nicht in höherer Mission schleunigst die Flucht ergriffen.

Rousseau beschreibt das vorrevolutionäre Paris als eine Weiberherrschaft. Jede Frau in Gesellschaft gilt ihm als öffentliche Frau. Die Frauen, ganz Herr der Lage, sind als Huren verkleidet, schimpft Rousseau, völlig männlich. Weiblichkeit, fingerdick geschminkt und im Reifrock, ist Maskerade. Diese Damen brauchen keinen Ehemann, der ihnen Rang und Namen gäbe. Die Liebe ist frei; die Frauen sind etwas aus sich selbst heraus qua Geburt oder durch *self-fashioning*. Sie herrschen durch die Regeln der Galanterie, die will, dass kein Mann einer Frau – selbst der eigenen – irgendetwas abschlagen kann. Alles für Rousseau grauenhaft.

Andere Pläne – Ikonen der Eleganz – misogyn und homophob – *gender fluidity* – Männer mit Perlenketten – die Beatles in der Savile Row – die Kleider der Frauen

Männer **männlich,** Frauen **mütterlich**

In Rousseaus Augen ist Weiblichkeit unreformierbar; sie muss aus der Öffentlichkeit verschwinden. Als Ehefrau und Mutter gehört die Frau ins Haus gesperrt, wo sie so eingeschlossen leben soll wie die Nonne im Kloster. Dort übt sie mütterlich die sanfte Herrschaft des Herzens aus, damit Männer authentisch sein und die Sache aller, die *res publica*, vertreten können. Da hatten Madame du Deffand, Julie de Lespinasse, Madame du Châtelet, die Marquise de Rambouillet »andere Pläne«. Und zwar lange vor Simone de Beauvoir und Marlene Dietrich, von der Nina Hagen singt: »Marlene hatte and're Pläne, Simone de Beauvoir sagt, Gott bewahr«. Und deshalb sind sie Ikonen der Eleganz.

Die galante Herrschaft der Frauen, diese weibischen Regime, verkehren die in Rousseaus Augen natürliche Ordnung der Geschlechter. *Gender fluidity*, das Ideal der heutigen Leute von Welt, war, hört man Rousseau zu, in der Gesellschaft des *ancien régimes* ubiquitär. Rousseau reagiert darauf so misogyn wie homophob. Kommt einem von heute allerdings auch bekannt vor.

Der Harem droht, von Paris aus in die noch reinen, unberührten Räume einzudringen. Orientalismus ist ein ansteckender Virus, dem Männlichkeit nicht standhalten kann. Selbst im republikanischen, patriarchalen, gründlich reformierten Genf greift das Weibische um sich: Auch dort gibt es bereits Männer, die sich wie Frauen anziehen. Junge Herren mit flötender Stimme, höhnt Rousseau, zeigen sich mit Sonnenschirmchen und anders als der aufrechte Bürger nicht in locker geschnittenen Jacketts aus Wolle, sondern in den farbig bunten, eng anliegenden Seidenjäckchen der Aristokratie und machen sich zum Narren der Damen.

Wie gut, dass wir uns Rousseau nicht in Sachen Männer mit Nagellack und Perlenkette, in eng sitzenden, farbig glänzenden Satinanzügen anhören müssen. Gehöhnt hätte er sicher auch über die Beatles, die bei ihrem legendären, letzten *rooftop concert* in der Savile Row am 30. Januar 1969 die Kleider ihrer Frauen trugen: Ringo Star im knallroten Lackmantel, John Lennon in Pelzjacke und Paul McCartney im schwarzen Mohairflauschpullover.

Urbane Öffentlichkeit – zu Gefallen – sich zum Affen machen – die Welt retten – sich sehr, sehr ernst nehmen – Daniel Chodowiecki – Form und Sache – Leistungsträger – *plaisir* – Effizienz – Leichtigkeit der Eleganz – *self-fashioning* – Anstrengung – Glanz – weiße Zähne und Zuchtwahl

Affektiert: Leistung statt Eleganz

Fragen der Eleganz hängen an einer zivilisierten Öffentlichkeit, an urbanen Orten, an der Kultivierung des öffentlichen Lebens. Und daran, dass alle, die es können und wollen, zum Vergnügen aller an dieser Öffentlichkeit teilnehmen.

Der elegante Hofmann ist das Feindbild der Revolution. Zu Gefallen zu sein, gefallen zu wollen hat der aufrechte Bürger, der mit beiden Beinen breitbeinig auf der Erde steht und nicht tanzt, nicht nötig. Das heuchlerische Manipulieren, als das Höflichkeit und Eleganz abqualifiziert werden, braucht er nicht: alles leeres Wortgeklingel. Nichts klingt in der höfischen Sprache wie alles, alles wie nichts. Statt Wortgeplänkel diskutiert man lieber ernsthaft (unter Männern, klar), doziert, statt das Tanzbein zu schwingen und zu flirten. Im Kopf hat der Bürger Wichtigeres; auf die Kleider, die er trägt, kann er keine überflüssigen Gedanken verschwenden. Ihm geht es um die Sache, nicht um die Form, sprich: um Tiefe, nicht um Oberflächlichkeit. Er hat Besseres zu tun, als sich zum Affen zu machen. Statt ein köstliches Abendessen zu kochen und mit einer Freundin zu flirten, muss er noch kurz »die Welt retten«, wie Tim Bendzko ironisch singt. In höherer Mission nimmt man alles und vor allen Dingen nur sich selbst ernst und kann nicht auch noch elegant sein.

Der berühmteste Kupferstecher seiner Zeit, Daniel Chodowiecki, Direktor der Preußischen Akademie der Künste zu Berlin, trägt mit seiner um 1778 entstandenen Karikaturenreihe *Natürliche und affectirte Handlungen des Lebens* zur bürgerlich-aufgeklärten, antihöfischen Ideologiebildung aus einer preußisch-hugenottischen Perspektive bei. Die am Hof entwickelten Normen der Eleganz werden gegen den Strich gebürstet, dem Höfischen abgesprochen und auf den bürgerlich reformierten Adel oder das edle Bürgerliche übertragen. Dem höfisch-grotesken Paar stellt Chodowiecki ein bürgerlich-edles Paar gegenüber. Karikiert wird die lächerliche Affektiertheit des höfischen Paares, dem alle Wohlanständigkeit und Natürlichkeit abgeht: Sind die Bürgersleute züchtig gekleidet, zurückhaltend angemessen und gefasst in sich ruhend, dann kleiden sich die Hofleute mit viel *froufrou*, gigantischen, über und über mit Rüschen und Schleifen besetzten Reifröcken, hohen Perücken, wehenden Federn. Unübersehbar sind sie mit dem Französischen assoziiert – ein *jardin à la française* im Hintergrund und die Mode des *ancien régime*, zu dieser Zeit am französischen Hof längst überholt, zeigen es. Ihre Körperhaltung ist manieriert. Beim Anblick der Schönheit der Natur oder eines Kunstwerks sammeln sie sich nicht zu gefasster Innerlichkeit, sondern geraten außer sich. Besonders der männliche Höfling wird in diesen Stichen lächerlich gemacht; er ist das Gegenteil eines bescheidenen, überlegten, vernünftigen, standfesten Mannes. Er verwandelt sich in seiner übertriebenen Verbeugung vor der Dame in eine sich windende Arabeske. Bis zur lächerlichen Entstellung alles Angemessenen, Natürlichen produziert er sich, denn um jeden Preis der Welt will er gefallen.

Der aufrechte Bürger mit Rückgrat hat es nicht nötig, sich einzuschmeicheln und anzubiedern. Er beeindruckt nicht durch sein Erscheinen, sondern durch seine Leistung. Der richtige Mann ist nicht mehr seinem Nächsten, sondern, stolz auf seine Standfestigkeit, nur noch seinem eigenen Gewissen verpflichtet. »Hier stehe ich und kann nicht anders.« Das stimmt vermutlich sogar leider.

Fünfzig Jahre nach Chodowiecki befand Balzac, dass diese bürgerliche Gesellschaft und besonders die leistungstragenden Männer nicht mehr in der Lage sind, schön zu lieben, zu Gefallen zu sein. Faltendurchfurcht sind ihre Gesichter in der ehrgeizigen Sorge um ihre Karriere. Mit dem *ancien régime* sei auch die Kunst, zu lieben, an ihr Ende gekommen. Ältere Damen aus der Zeit des *ancien régimes* sind deswegen in Balzacs Romanen ständige Ratgeberinnen in allen Liebesdingen für die so wenig liebenswürdigen Bürgerlichen, die, unelegant auf Ehepflichten pochend, ihre Frauen unglücklich machen.

Die Französische Revolution war nicht nur ein politischer Umsturz, sie bewirkte auch ein kulturelles Erdbeben, das alles veränderte. Mit weitreichenden Folgen für die Frauen. Mit weitreichenden Folgen für die Eleganz. Von nun an gilt: Es geht nicht mehr um die Form, sondern um den Inhalt. Nicht um das Wort, sondern die Taten. Es überzeugt nicht mehr die schöne Rede, sondern allein die Leistung. Die bürgerliche Norm des effizienten, fleißigen Leistungsmenschen definiert sich gegen dieses höfische und verschwenderische Spiel der

Eleganz. Das Ziel der Eleganz ist das Gefallen, das Vergnügen, das *piacere*, das *plaisir*.

Wenig ist schwieriger als die Leichtigkeit der Eleganz. Natürlich authentisch ist bestenfalls ihr kunstvolles Resultat. Das *self-fashioning*, das nach Castiglione den Menschen erst zum Menschen macht und vom Tier unterscheidet, erforderte das ganze Wesen des Mannes und der Frau. Der Witz lag darin, dass es völlig natürlich, selbstverständlich und leicht erschien. *Sprezzatura* heißt die Fähigkeit, Anstrengendes mühelos leicht erscheinen zu lassen. Die zweite Natur, mit viel Können ausgebildet, erschien als die natürlichste Sache der Welt. Eigentlich bedeutet es eine höhere Leistungsanforderung, die Anstrengung, die Arbeit, die in die Leichtigkeit der Eleganz wie unerklärlich eingegangen ist, unsichtbar zu machen. Beiläufig ist der geistreiche Wortwitz, beiläufig das gute Tennisspiel, beiläufig das raffinierte Angezogensein, einfach, hell perlend hört sich noch die komplizierteste Sonate an, amüsant klingt die Kunst des Gesprächs. Heutzutage ist auch das elegante Programmieren, die elegante Mathematik komplexer als unelegante, weil eine erhebliche Arbeit an der Form, am Design hinzukommt, damit dann alles flüssig von der Hand geht.

Das Formen des Körpers ist so wichtig wie das Formen des Geistes. Durch Reiten, Fechten, Ballspiel, Ballett wurde die Grazie des Körpers entwickelt. Der Gang wurde gleitend, schwebend, alle Erdenschwere in engelsgleiche Anmut verwandelt. Diese Leichtfüßigkeit in High Heels zu haben ist elegant. Alles glänzt: der helle Teint, die schimmernden Haare. Fehler wie schiefe Zähne oder ein tiefer Haaransatz wurden korrigiert, wie schon bei Marie Antoinette. Solche Verschönerungspraktiken sind heute demokratisiert. Für ein strahlendes Lächeln lassen sich viele Leute die Zähne richten und bleichen. Aber sie tun es vielleicht weniger, um zu glänzen, als um Durchsetzungsfähigkeit, eben Biss zu zeigen und womöglich nach darwinistischen Kriterien die Eignung zum Sexualpartner zu beweisen.

1789 – Revolution in Sachen Eleganz – einfach blütenweiß – Marie Antoinette – *la reine en chemise* – Nuditätenmode – das Durchschimmern der schönen Seele – Annie Ernaux – befleckt – schwarz: New York – Yamamoto

Wie nackt in Kleidern

Die Revolution von 1789 führte zu einem gründlichen Umbruch im Eleganz-Verständnis; die Bürger sprachen den Höflingen, dem Hof die Eleganz im Prinzip ab. Warum? Weil man befand, dass die Anstrengung des *self-fashioning* in der aristokratischen Gesellschaft sichtbar, allzu sichtbar war. Der Höfling, die Hofdame wirkte keine Spur natürlich, sondern völlig manieriert, künstlich. Die Anstrengung war in jeder Spitze zu sehen, und bei den gepuderten Perücken konnte von Beiläufigkeit wirklich nicht die Rede sein. Affektiert eben. Die Bourgeoisie kehrte das Eleganz-Ideal des *Cortegiano*, der die beiläufige Natürlichkeit, die *sprezzatura* als Ziel der Eleganz sah, gegen die Aristokratie, um es unter anderem Namen für sich selbst zu reklamieren. Die Revolution in Sachen Eleganz hatte, wie könnte es anders sein, am Hofe selbst begonnen. Der steifen *étiquette*, den schweren Brokatseidenstoffen, kostbarer Bestickung zog man die neue Einfachheit vor: bequeme, weiche, fließende Schnitte in hell pudrigen Farben. Die Seidenstoffe des Barocks, kunstvoll gewebt, mit Goldfäden durchzogen, teuer gefärbt, waren kostspieliger gewesen als ein Gemälde. Eine Investition fürs Leben. Die Baumwollstoffe dagegen, die über die Kolonien Englands nach Frankreich kamen, die leichteren Seidenstoffe waren weniger teuer. Aufwendig wurde die Pflege der hellen Farben, der Körperwäsche. Deren täglich frisch strahlendes Weiß wurde zum neuen Luxus.

Marie Antoinette entledigte sich des Korsetts – jedenfalls für kurze Zeit, bis sie von ihrer bestürzten Mutter Maria Theresia zur Ordnung gerufen wurde. Von Louise-Élisabeth Vigée-Le Brun ließ sie sich in weißem Baumwollmusselin, *en chemise*, malen. Ein Skandal: die Königin im Unterkleid, wie nackt. Marie Antoinette nahm die Nuditätenmode, wie sie den Klassizismus des Kaiserreichs auszeichnete, vorweg.

Diese Mode ist endlos karikiert worden, und man hat ihr vorgeworfen, dass sich der Körper darin schamlos wie nackt unter feuchten Tüchern abzeichnet. Statt den Körper wie die prunkenden Seidenbrokate über Reifröcken und Korsetten künstlich zu formen und zu idealisieren, sollten die leichte, anschmiegende Baumwollmusseline den Schleier einer schönen Seele darstellen. Stille Einfachheit, edle Größe sind neue Kriterien der Eleganz. Die Seele zeigte sich in einem klassisch antiken Statuenkörper, der – unsichtbar – durch das *tricot* geformt wurde: stille Einfalt, edle Größe – neue Kriterien der Eleganz. Natürlich war das damals wie heute geformt: Aus sichtbarer Unterkleidung – Reifrock, Korsage, oft von Waffenschmieden hergestellt – war eine unsichtbar formende Erscheinung geworden: damals das *tricot de corps*, heute *shapewear*.

Die sublimierte Nacktheit des Körpers, durch den die Schönheit der Seele schimmert, war als der einer wiedergefundenen, paradiesischen Unschuld nicht schambesetzt. Durch den dünnen *Mousseline* schimmert der reine, unschuldige Körper, Abbild einer edlen Seele. Nach der idealen Kleidung befragt, sagen heute viele Leute, ihr Ideal eines Kleides wäre es, dass man sich nackt fühlt, i.e. dass man das Kleid nicht fühlt. Das wäre in gewisser Weise der Gipfel der Eleganz, in der die zweite Haut mit Raffinement so beschaffen sein muss, dass sie sich wie die erste, wie pure Natur, anfühlt – was selbstverständlich so selbstverständlich nicht wäre.

Die Umgangsformen am Hofe wurden nach Vorbild der Salons weniger förmlich. Die Wäsche wurde dauernd gewechselt und war nie mehr fleckig und löchrig wie die kostbaren, schweren Seiden. Der wahre Luxus lag darin, dass sie stets blütenweiß, gewaschen und gebügelt war – ein ganz erheblicher Arbeitsaufwand. Viel Waschen und Bügeln. Was früher Aufgabe des Dienstpersonals war, ist heute in die Reinigung ausgelagert.

In Annie Ernaux' Roman *Die Scham* stellt das fleckenlose Blütenweiß der Baumwollmusseline, das einen wie eine strahlende Wolke einhüllt, ein Distinktionsmerkmal der Bourgeoisie dar: Zur Scham der Tochter ist das Nachthemd der Mutter, einer Kleinstbürgerin, die keinen Morgenmantel hat, befleckt. Die Tochter und Ich-Erzählerin wechselt von ihrem Sonntagsstaat, um ihn zu schonen und die Arbeit zu sparen, für die keine Dienstboten im Haus sind, in ein unaufwendiges, »leicht waschbares« Kleid, das nicht teuer gereinigt werden muss.

Damit sie nicht dauernd in die Reinigung rennen müssen, bevorzugen die New Yorkerinnen aus praktischen Gründen Schwarz. Da müssen sie sich um Flecken keine Sorgen machen. Und selbst dann, wenn sie dafür Personal haben, wirkt es eleganter, so zu wirken, als arbeite man selbst. Wie der Modemacher Yohji Yamamoto in einer Umwertung des 19. Jahrhunderts der Eleganz wusste: Jeder, der arbeitet, ist schön. Jede, die arbeitet, erst recht. Schon am Hof wurde Prunk durch Einfachheit abgelöst und eine Vorform des *clean chic* geboren.

Marcello Mastroianni – *Flucht nach Varennes* – champagnerfarben – Point de Venise – Schönheitsfleck – Moschusduft – *ancien régime* – männliche Entsagung – Wichtigeres – John Carl Flügel – Friedrich Theodor Vischer – scheinlos – Persönlichkeit und Authentizität – sinnliches Vehikel – Interesselosigkeit – Weiblichkeit, künstlich

Verzicht auf Schönheit **um der Eleganz willen**

Da steht er, Marcello Mastroianni als alternder Giacomo Casanova in der *Flucht nach Varennes*, von Kopf bis Fuß in Champagnerfarben. Die gut sitzenden Beinkleider, die anschmiegenden Stiefel rücken die Schönheit seiner langen Beine ins rechte Licht. Der mit Rüschen verzierte, schneefuchspelzbesetze Umhang umschmeichelt das hell gepuderte Gesicht mit rot geschminkten Lippen, Rouge auf den Wangen und dunkel gefassten Augen betörend. Der Teint wird von einem Jabot aus der kostbarsten Spitze aller Zeiten, dem *Point de Venise*, auch im Champagnerton, gehoben. Auf der Wange sitzt kokett ein Schönheitsfleck; blonde Locken umrahmen das Gesicht. Das Ganze wird gekrönt von einem Dreispitz im gleichen Champagnerton. Man meint, Moschusduft umwehe ihn, gleich fange er an zu tanzen. Aufmerksam ist er zugewandt. Casanova verkörpert so zum letzten Mal die Eleganz des in diesem Moment zu Ende gehenden *ancien régime*.

Der bürgerliche Mann entsagt der Schönheit um der Eleganz willen. Understatement ist angesagt. Dass er es nicht nötig hat, durch seine Kleider zu glänzen, und das anderen überlässt, denen sonst nichts bleibt, wird der Bürger zu demonstrieren nicht müde. Richtig angezogen zu sein heißt jetzt, in seinen Kleidern zum Ausdruck zu bringen, dass man Wichtigeres zu tun hat, als einen Gedanken darauf zu verschwenden, was man trägt.

John Carl Flügel, der von Wien nach London ausgewanderte Psychoanalytiker, hat dafür das geflügelte Wort von der männlichen Entsagung geprägt: *the Great*

French Revolution – the Great Male Renunciation. Fortan sollten die Männer auf all das verzichten, was sie über Jahrhunderte zu dem schöneren Geschlecht gemacht hatte: auf »samt und seide, blumen und bänder, feder und farben«, fasste Architekt und Kulturpublizist Adolf Loos in modischer Kleinschreibung zusammen. Schminke und Parfüms, rote Absätze und Schleifen-Schuhe, Spitzen, Schmuck, Stickereien, Perücken, Parfüm und Puder sollten für Männer der Vergangenheit angehören.

Sehr schön hatte zuvor der Ästhetikphilosoph Friedrich Theodor Vischer den radikalen Bruch in der männlichen Kleidung um die Französische Revolution herum gefasst: »Das männliche Kleid soll überhaupt nicht für sich schon etwas sagen, nur der Mann selbst, der darin steckt, mag durch seine Züge, Haltung, Gesicht, Worte und Taten seine Persönlichkeit geltend machen. Unseren Großvätern noch galt als ganz natürlich, daß der eine durch einen roten Rock mit Goldborte und blauen Strümpfen, der andere durch einen grünen mit Silberborte und pfirsichrotgelbe Strümpfe sich hervortun mochte. Wir sind damit rein fertig, gründlich blasiert gegen alles Pathetische, wir haben nur ein müdes Lächeln, wenn einer durch anderes als sich selbst in seiner Erscheinung sich herausdrängen will [...] Obwohl diese Scheinlosigkeit des Männerkostüms wenig über ein halbes Jahrhundert alt ist, kann man doch sagen, sie bezeichne recht den Charakter der Mode, nachdem aus ihr geworden, was ihrer Natur nach im Laufe der Zeit werden mußte.«

Durch anderes als sich selbst: Das *self-fashioning* musste so gekonnt sein, dass es als solches unsichtbar wurde, elegant ohne Aufwand. Es entspricht dem Renaissance Ideal; Castiglione stellte die Affektiertheit gegen die *sprezzatura*. In seiner nachlässigen Unangestrengtheit war das Individuum dann als Resultat der kunstvollen, ästhetischen Selbstzeugung gerade in seiner nachlässigen Unangestrengtheit formvollendet. Vollkommen ‚natürlich' sollte es wirken. Die Anstrengung war durch eine zweite größere, in Fleisch und Blut übergegangene Anstrengung zu überspielen. Nur das gilt als wahre Kunst, was nicht als Kunst erscheint. Die Kunst, zu verbergen, bedarf der potenzierten Kunst. Die Kunst des Kunstlosen will gelernt sein; es ist die hohe Kunst der Eleganz.

Aber irgendwie ging das Bewusstsein für die hohe Künstlichkeit, für das äußerst Kunstvolle dieses Prozesses, dessen Resultat so elegant nachlässig, ganz beiläufig war, verloren. Vor allem ging vielleicht auch die Kunst darin verloren und das Verständnis dafür, dass das Selbst, wenn nicht gebildet, in seiner ersten Natur keine Spur von Eleganz hat und in seiner Authentizität sehr erdenschwer ist. Man *ist* eben nicht man selbst, man *hat* keine Persönlichkeit, man *macht* sich zu einer. Dieses Wissen, dieses Können kam unter die Räder. Vielleicht hatte man in einer Gesellschaft von Aufsteigern keine Zeit dazu. Vielleicht war es von Anfang an ein Missverständnis.

Die Frage der Umsetzung in Form – »Persönlichkeit«, »Züge, Haltung, Geist, Worte und Taten« – wurde nicht eigens mit thematisiert. Auch die schönste Seele, die größte Persönlichkeit braucht aber ein Medium des Ausdrucks, selbst die tiefste Geistigkeit braucht ein sinnliches Vehikel. Hauptsache schien erst einmal, man ließ im Anzug den Prunk der höfischen Kleider, die Affektiertheit des Höfischen hinter sich. Nach der Revolution ist der richtige Mann nicht mehr schön oder gar elegant; er ist korrekt angezogen. Hinter der konventionellen Maske seiner Kleider verbirgt er, so das Wunschdenken, seine einzigartige Persönlichkeit.

Die Welt der Eleganz, des Luxus und der Moden, aber auch das elegante Miteinander werden in den bürgerlichen Jahrhunderten eine weibliche Welt. Sie steht im Geruch der Künstlichkeit; Weiblichkeit ist gemacht, sie bleibt am Schönen, am Zurechtgemachten, am Schein, am offensichtlich Modischen hängen. Frauen werden als Statussymbole oder Sexsymbole verdinglicht. Stellvertretend für den Mann stellt die Frau seine finanzielle Potenz aus. Als Prestigeobjekt des Haushalts arbeitet sie die feinen Unterschiede heraus. Als bewegliches Eigentum des Mannes, ökonomisch von ihm abhängig und seine repräsentative Dienerin, bezeugen ihre Kleider im Wechsel der Moden seine Kaufkraft. Weiblichkeit wird warenförmig: Wir sprechen seither von Heiratsmarkt, von Sexmarkt.

Auch im Miteinander kam es zu Nachwirkungen der vehementen Ablehnung alles Höfischen. Höflichkeit kam in den Geruch der Vorteilsnahme, der Anbiederei; war man charmant, dann wollte man sein Gegenüber betören, vermutlich um die allgemein geltenden Vorschriften zu umgehen. Ein Verstoß gegen die Gleichheit. Zwei Tendenzen konnten hier unterstellt werden – unklar, welche schlimmer ist: ob man einerseits im Charme nur ein besonders perfides Mittel sieht, seine Interessen knallhart durchzusetzen, ohne die Leistung zu erbringen oder die Berechtigung dazu zu haben. Oder ob man sich andererseits, statt Interessen zu wahren oder durchzusetzen, ziellos amüsiert, sinn- und planlos flirtet – wo käme man denn da hin, wenn das alle tun würden?

Balzac – Arbeit und Eleganz – selbstbestimmtes Leben – entfremdet, verdinglicht – *Das kunstseidene Mädchen* – die neue Frau – Ökonomie und Gleichgültigkeit – hässlich – überspielter Reichtum – souverän – gleichbehandeln – *potiche* und *trophy wife* – Madame de Pompadour – Marcel Proust – Madame Verdurins Salon – András Schiff – Pierre Bourdieu – Klassenaspirationen – Nathalie Sarraute – Gianduja – schlechter Geschmack – die drei Tenöre

Eleganz: verdinglicht zum Statussymbol

Balzac unterscheidet in *Über das elegante Leben* (1830) drei Lebensweisen: »Der Mensch, der arbeitet, der Mensch, der denkt, der Mensch, der nichts tut.« Daraus ergaben sich drei Lebensstile: »das Arbeitsleben, das Künstlerleben und das elegante Leben«.

Für Balzac können Menschen, die arbeiten, nicht elegant sein. Arbeit begreift er nicht als selbstbestimmte Lebensform, die Arbeitenden werden ihm zu entfremdeten, verdinglichten Instrumenten. Als Maschinen sind sie soziale Nullen – so seine immer als äußerst aggressiv empfundene Nomenklatur. Damit befindet sich Balzac in Widerspruch zur Umwertung der Werte, wie sie die Aufklärung vorantrieb: Helvétius hatte verkündet, dass nur der arbeitende Mensch ein glücklicher Mensch sei, später feierte der Sozialist Saint-Simon Arbeit und Produktivität. Wenn Yohji Yamamoto erklärt, jeder arbeitende Mensch sei schön, steht er in dieser Tradition.

Gegen den Adel, der herrschte, liebte und Krieg führte, stellte die Bourgeoisie die Arbeit und eine funktionale Sexualität. Während der Adel seine Zeit in Gesellschaft an Höfen verbrachte, sind die Sinnzentren der bürgerlichen Welt die Berufsarbeit und das Familienleben – im Zeichen der Ökonomie.

Balzac nun stellt, ganz bürgerlich, die Frage der Eleganz als eine Frage der Ökonomie – eine fürchterlich unelegante Frage. Denn dass Geld keine Rolle spielt, ja man sich in allem vor allen Dingen unökonomisch zu verhalten habe, ist das Credo der Eleganten. Man verspielt Summen, die man nicht hat; man gibt Geld aus, das einem nicht gehört. Und stirbt so gut wie immer ruiniert. Als die Eleganz noch der höchste Wert innerhalb der herrschenden Klasse war, waren Großzügigkeit und Freigiebigkeit ihre Markenzeichen. Ohne Gleichgültigkeit gegen das Ökonomische, ohne Indifferenz gegen Gewinn und Eigeninteresse keine Eleganz. Die Eleganz ist allein schon aus diesem Grunde dem Bürgerlichen fremd.

Voraussetzung des eleganten Lebens ist für Balzac hingegen ein eigentlich unbegrenzter Reichtum. Denn nur der erlaubt die Gleichgültigkeit gegen Gebrauch, Verschmutzung, Abnutzung. Jeden Tag alles zu gebrauchen und nichts zu schonen und zu sparen, alltäglich schön zu leben, ist seine Maxime eines eleganten Lebens. Die sparsame Hausfrau, die Angst hat, ihre Kissen bekämen Flecken, ihr Teppich werde beschmutzt, ihr Parkett verkratzt, ihre Vorhänge verraucht, kann nicht elegant sein. Wohnzimmer mit Hussen, Silber, das nur am Sonntag herausgeholt wird, das Meißen für besondere Gelegenheiten, Baccarat oder Lobmeyr für die Feste, der Sonntagsstaat sind nicht elegant. Wenn man jederzeit alles neu tapezieren, die Möbel neu beziehen, Teppiche und Kutschen regelmäßig austauschen, das zerbrochene Porzellan und Kristall ersetzen kann, kurz alles frisch, rein und glänzend ist, lebt man elegant. Was ausgestellt wird, ist nicht der Reichtum, der wird sogar versteckt: Ausgesuchte Köstlichkeiten, Geschmeide, Möbel, unermesslich teuer, die die Wohnung in ein Kuriositätenkabinett verwandeln, empfindet Balzac als unelegant.

Eleganz: verdinglicht

Balzacs *Traité de la vie élégante* hält nicht zur Kunst des Überspielens der Anstrengung und Mühe an, die in die elegante, lässige Erscheinung eingegangen ist. Überspielt wird der Reichtum: Voraussetzung für den eleganten, auf jede Sparsamkeit und jedes Ausstellen von Reichtum gleichermaßen verzichtenden Lebensstil ist also ein quasi unerschöpfliches Eigentum, das die Mittel dieser großzügigen Lässigkeit überspielt.

Das lässt sich auf das spätere Schicksal der Eleganz in unseren Tagen übertragen. Elegant kann nur der Mensch leben, der über sich und seine Zeit verfügen kann, der nicht fremdbestimmt und in seinem Tun, seiner Arbeit selbstentfremdet, verdinglicht ist. Elegant kann nur der in seiner Arbeit selbstbestimmte Mensch sein, der die Freiheit hat, zu wählen.

Völlig unelegant – ja, äußerst hässlich – ist es, die anderen zu verdinglichen. Keine Eleganz ohne Gleichbehandlung aller. Elegante Leute verhandeln als souveräne Macht mit den andern als souveräne Mächte – auf Augenhöhe. Man ist ohne Ansehen der Person weder unterwürfig noch überheblich. Allen gegenüber, ob Blumenfrau, Bankier oder Bettler, ist man zuvorkommend. Diese Anerkennung anderer als souverän ist in bürgerlichen Zeiten der Schlüssel der Eleganz. Dabei geht es explizit nicht um Selbstinteresse nach dem Motto: Man hat schon Leute vom Tellerwäscher zum Millionär, vom Schuhputzer zum Wall-Street-Banker werden sehen und kann nie wissen. Höflichkeit ist nicht im möglichen Eigeninteresse einzusetzen; die Charmeoffensiven, denen man dieses Eigeninteresse ansieht, gehen nach hinten los, weil sich der andere für dumm verkauft, für billig manipuliert weiß. Seinem Gegenüber die Potenz zuzuschreiben, souverän zu sein, von seinen Möglichkeiten her gleich, auch wenn die im Moment nicht verwirklicht sind, ihn ernst zu nehmen, ihr viel, ja alles zuzutrauen, ist die Grundlage eleganten Lebens. Wer andere gering schätzt, auf sie herabschaut oder sogar demütigt, ist unelegant.

Und so kann man Balzacs *Traité* auch als ein fast schon marxistisches Plädoyer gegen die neue Ordnung der Bourgeoisie sehen, die sich durch Verdinglichung der Arbeit bereichert und die anderen, es mit Irmgard Keuns *Kunstseidenem Mädchen* Doris zu sagen, zu einem »Garnichts« macht. Der Roman spielt in den goldenen Zwanzigern, der Geburtsstunde der Neuen Frau. Frauen drängten auf den Arbeitsmarkt, wo sie als Stenotypistinnen zu Dingen wie Schreibmaschinen wurden. Arbeit ist für Doris keine Selbstverwirklichung, sondern völlige Selbstentfremdung und Verdinglichung: Sie macht sie zu einem »Garnichts«. Ihre Rebellion dagegen ist die Eleganz des Herzens. Den im Weltkrieg zusammengeschossenen, auf der Seite der Deutschen kämpfenden Elsässer und deshalb völlig Mittellosen befreit Doris für Stunden aus dem verdinglichten »Eigentum« seiner Frau. Diesem blinden Mann mit dem schönen Mund leiht Doris ihre Augen, für ihn entwirft sie die hinreißendsten Malereien von Berlin, liebt ihn, geht mit ihm in Berlin vor seiner Abschiebung ins Heim aus. Natürlich liebt sie über ihre Verhältnisse und kann sich diese Liebe nicht leisten. Doch gerade das macht sie so elegant.

Das selbstinteressierte Verhalten, die von Balzac beschriebene Ökonomie des profitierenden Miteinanders ist weniger unmoralisch als unelegant – hässlich. Es ist eben kein Miteinander mehr; die Verdinglichung des anderen wird in Kauf genommen oder gar betrieben. »Wollen Sie immer elegant sein«, könnte man Balzac in Anlehnung an Madame de Pompadour paraphrasieren, »dann weisen Sie die anderen nicht in ihre Grenzen. Haben Sie die Größe, sich und die Anderen souverän sein zu lassen, sie nicht zu verdinglichen und zu benutzen. Geben Sie ihnen diesen Raum. Erlauben Sie es sich selbst, fasziniert und hingerissen zu sein. Auch, wenn Sie es sich nicht leisten können. Vielleicht gerade dann.«

Verdinglichung ist der herrschenden Klasse der Bourgeoisie immer vorgeworfen worden. Sie verdingliche nicht nur die arbeitende Klasse, die sie ausbeutet, sondern die eigenen Frauen. Das Statussymbol dieser Klasse sei die Frau, die nicht arbeitet: »*La bourgeoisie est une classe qui ne fait pas travailler ses femmes*.« Die Bourgeoisie verdingliche ihre Frauen zu *trophy wifes* – zu »*potiche*«, wie im gleichnamigen Film von François Ozon: zur hübschen Repräsentationsfigur, einem Dekorationsgegenstand wie einer Vase. Die Frau als Trophäe, Statussymbol der Finanzkraft und des Lebensstils des Hausherrn: »Schöne Frauen kosten sehr viel Geld« (um Georg Kreislers böses, groteskes Lied zu zitieren). Die Aufgabe der Dame des Hauses als »oberster Dienerin« der *leisure class* ist es, diese Investition in der Lebensform zu inszenieren. Die Eleganz dient dabei der Ab- und Ausgrenzung durch einen erkennbar teureren Geschmack, jetzt cooleren *life-style*, ostentative *easiness.* Aristokratische Gesellschaften waren elegant, um sich unter ihresgleichen hervorzutun, Abgrenzung nach unten geschenkt: Ohne viel Aufhebens zogen sich Herzoginnen vor ihren Kammerdienern aus, da diese für sie keine Männer, sondern wie Ochsen oder anderes Vieh seien, stellt Balzac fest. So berichtet ein Kammerdiener der Madame du Châtelet, dass sie sich ganz ungeniert nackt im Bade heißes Wasser zugießen ließ und ihn, als er schamhaft den Blick abwendete, aufforderte, genauer hinzusehen, statt sie zu verbrühen.

Sich untereinander zu Gefallen zu sein, aneinander Gefallen zu finden, war der Modus der aristokratischen Eleganz. Seine Eleganz auszustellen, um zu imponieren, zu beeindrucken, ist dagegen der unglückliche Modus der bürgerlichen Eleganz. Sie bedeutet Inklusion in Form von Abwertung oder, genauer, Selbstaufwertung. Die Eleganz wird Statussymbol – und damit unelegant. Marcel Proust stellt das angestrengt, gekünstelte Elegant-sein-Wollen in seinem Romanzyklus *Auf der Suche nach der verlorenen Zeit* am Salon der Madame Verdurin dar, der zur Groteske der lässigen Geselligkeit des 17. und 18. Jahrhunderts wird. Madame hat nicht nur einen exquisiten Geschmack – jedenfalls meint sie das – und weiß, was in Musik, Literatur und den schönen Künsten angesagt ist. Schlimmer, sie will für ihren guten, ja für ihren erlesenen Geschmack anerkannt werden. Ihre Kunst des

Genießens einer Klaviersonate, bei der ihr empfindsames Herz aufgeht, breitet sie vor den Salongästen aus. In dieser geschulten Empfindsamkeit will sie ihnen allen wie selbstverständlich überlegen sein. Sie tut sich durch ihre Kennerschaft hervor.

So etwas kann uns heute noch genauso passieren, wenn jemand seine Kennerschaft wem auch immer unter die Nase reibt: András Schiff, erklärt dieser Jemand auf einem Empfang, sei einfach der beste Bachinterpret. Seine letzte Einspielung auf dem Clavichord stelle alles in den Schatten. Was da als absolute Kennerschaft zugeraunt wird, ist aber nicht etwa ein Geheimtipp. »Bayern Klassik« hatte diese von der großen Mehrheit der Bachliebhaber geteilte, sich fachlich gebende Einschätzung noch am selben Morgen verkündet.

Proust schildert Menschen, die sich durch eine zur Schau getragene triviale Kennerschaft hervortun. Sie wollen durch ihren erlesenen Geschmack ihre schöne Seele beweisen. Die zur Schau gestellte Kultiviertheit soll Überlegenheit herausstreichen. Was tun? Prousts spitze Feder ließ die Luft aus dieser Aufgeblasenheit. Also lächelt man vielleicht, unterstreicht man womöglich auch noch ironisch die Originalität des unterbreiteten Urteils und lässt Angeberei, das ganze Getue an sich abgleiten. Auf keinen Fall aber lasse man sich auf ein Abgleichen der Kenntnisse ein.

Zum Statussymbol verdinglichte Eleganz kann nicht elegant sein. Pierre Bourdieus Bestseller über Geschmacksvorlieben beschreibt ziseliert dieses alles erfassende Distinktionsbegehren. Durch *Die feinen Unterschiede* – so der Titel von Bourdieus Werk – wird der soziale Status definiert und markiert. Das Ziel der Geschmacksvorlieben sei es, sich vom Normalbürger, mit dem man nicht verwechselt werden will, und den weniger Raffinierten, über die man sich erhaben weiß, abzugrenzen. Das elegante Leben wird zum Leben unter der Aura des Besonderen. Im Kampf um Bestätigung der eigenen Überlegenheit wird es zum ultimativen Statussymbol, zum Trumpf über alle anderen.

Der traurige Befund ist die Verdinglichung von allem und jedem im Dienst der Distinktion. So ungefähr das angestrengt prätentiös Uneleganteste, was man sich vorstellen kann. Welche Speisen, Restaurants, Kunstwerke, Möbelstücke, Designs oder Reiseziele gewählt werden, hat wenig mit Gefallen, sagen wir, an Beethovens Mondscheinsonate oder dem Chanson Stromaes »Fils de joie« zu tun. Über diese Vorlieben grenzen wir uns von anderen ab. Sie markieren den gesellschaftlichen Standort. Wir finden Gefallen an dem, was unsere Klassenaspirationen bestätigt. Das Ideal und die Funktion der Eleganz ist damit dahin. Das Miteinander wird so nämlich anstrengend, hässlich, verletzend und verliert alle Heiterkeit.

Nathalie Sarraute ist in ihren Romanen diesem Kampf um gesellschaftliche Distinktionen bis in die feinsten sprachlichen Verzweigungen nachgegangen. Die Frage, ob Bergère Louis XV. oder Knoll spitzt sich zu einer Frage auf Leben und Tod, Sein oder Nichtsein zu. Jeder hat eine panische Angst, den Kriterien des guten Geschmacks, der gesellschaftlichen Distinktion nicht zu genügen und also aus diesen exklusiven Kreisen ausgeschlossen zu werden, in den Augen der anderen in Sachen Geschmack durchzufallen und zu versagen.

Die primitivste, aber auch leichteste Form des übertrumpfenden Sich-Hervortuns ist die Besserwisserei auf Kosten des Wissenswerten. Man erzählt die Anekdote von der Erfindung des Gianduja aus der Armut: Teuer und selten war Schokolade in Zeiten von Napoleons Kontinentalsperre gegen das britische Empire, welche die Lieferung von Kakao aus den britischen Kolonien erschwerte. Ein Turiner Chocolatier verlängerte seine Schokolade deshalb mit Haselnüssen aus dem haselnussreichen Piemont. Er ging sozusagen *local*. Zum Entzücken aller war die Gianduja erfunden, benannt nach der bekannten Figur aus der *commedia dell'arte* und dem Karneval. Aus dem Mangel entstand durch eine einfallsreiche Kombination etwas Neues, Köstliches.

Statt sich an der Anmut der Anekdote nun zu freuen, eine spielerische Lust daraus zu ziehen, eine hübsche Anekdote zu erzählen, greift der Besserwisser zum Google-Faktencheck, dem Inbegriff des uneleganten Mediums, und weiß prompt etwas, ein Detail, besser — ohne Rücksicht auf die Pointe der Erzählung. Das Ideal der Eleganz, dem die Anekdote als literarische Gattung lange entsprochen hatte, wird gegen sich gewendet. Gibt es daraus ein Entrinnen? Der französische Soziologe Pierre Bourdieu würde vermutlich sagen: nein, da alles sofort wieder in die Distinktionsmaschinerie eingespeist wird, die Gesellschaft ausmacht. Eleganz wäre – doch ist sie das wirklich? – chancenlos, ein Hauch des Verlorenen.

Blasierte Gleichgültigkeit gegen Konventionen ist vielleicht ein bisschen eine langweilige Art, seine Überlegenheit zu zeigen, enthält aber ein Stück Gelassenheit oder Ironie sich selbst gegenüber. Die eigene Unzulänglichkeit, das eigene Ungenügen, die eigenen Schwächen im Geschmacksurteil nicht zu verstecken, sondern zuzugeben, einen schlechten Geschmack, einen Hang zum Trash zu haben, ist gar nicht schlecht. Dass man *out* ist. Dass man *Dolce & Gabbana* mag, obwohl es ein No-Go ist – etwas für russische Oligarchen, Drogenbosse oder solche, die es werden wollen. Dass einem die drei Tenöre, Inbegriff des Vulgären, manchmal ausgesprochen gut gefallen. Kurz, dass man *amatrice* und keine wirkliche Kennerin ist, dafür aber über sich und den alles beherrschenden Distinktionswunsch lachen kann, ist ein Anfang in Richtung Eleganz. Klar, man befindet sich mit seiner Liebe zum italienischen Schlager nicht in guter Gesellschaft, aber was macht das schon, sagt der Rest-Dandy in uns.

Pierre Bourdieu würde eine Wende in den Distinktionskriterien erkennen. Man könnte darin aber auch eine neue Form des alten Eleganten sehen, in der zwar nicht Schwächen zu Stärken gemacht werden, aber doch eine Stärke entsteht, nämlich die, Schwächen zuzulassen. In einem amüsierten Miteinander wird das fast liebenswert, anmutig. Eleganz ist vor allem auch fähig zur Selbstironie; die eigenen *shortcomings* nicht zu verleugnen, noch den anderen anzukreiden, ist ein Schritt in die richtige Richtung. Jede Eleganz ist eine Liebenswürdigkeit, die über das Pensum der Toleranz hinausgeht. Nicht nur toleriert ist die und der, dem elegant begegnet wird, sondern erfreut, aufgerichtet, ermuntert.

Make-up – weiß – rot – Schauspielerinnen und andere leichte Mädchen – Cicero – übernatürlich – Anzug – Subkulturen – *cutting edge* – Carlyle – Märtyrer

So dandy

So dandy

Der Dandy ist die Figur, die gegen die verdinglichend bürgerliche Ordnung der Dinge aufbegehrt. Eleganz war das Ergebnis einer verborgenen, kunstvollen Selbststilisierung. Die wichtigste Kunst lag darin, das kunstvolle *self-fashioning* zu verbergen. Die bürgerliche Gesellschaft vergaß in ihrem Aufschrei gegen alles Affektierte, dass Natürlichkeit und Authentizität ein Ergebnis von *self-fashioning* sind. Die Dandys verändern den Begriff der Eleganz im *fashioning*. Aggressiv zeigen sie, dass das elegante Ich kein Ausdruck von Natur ist und darin Authentizität beweist, sondern Ergebnis von Kunst. Diese muss nicht mehr versteckt werden, sondern tritt im Dandy unübersehbar in Erscheinung. Balzac hielt den Dandyismus deshalb für eine Irrlehre, für eine Häresie des eleganten Lebens: Indem ein Mann sich zum Dandy mache, verdingliche er sich selbst zu einem Stück Möbel, zu einem Mannequin. Wer nur die Mode in der Mode sieht, sei geistlos.

Baudelaire hingegen beschrieb diese neue Eleganz, in der die Kunst die Künstlichkeit nicht länger versteckt, am selben Beispiel, das schon Cicero verwendete: an der weiblichen Schminke. Baudelaires *Lobrede auf das Schminken*, *L'éloge du maquillage*, erschien zu einer Zeit, als es verpönt war, sich zu schminken. Anständige Frauen schminkten sich nicht, Prostituierte und Schauspielerinnen hingegen waren durch das künstliche Weiß des Teints, das aufgelegte Rouge und die dunkel geschminkten Augen fast definiert. Männer, klar, sowieso nicht. Ging es bei Cicero darum, das Angemalte, Künstliche — das Rouge, das Weiß des Teints — als natürlich hinzustellen und als Künstlichkeit zu verbergen, befindet Baudelaire nun umgekehrt, dass die Schminke sich nicht zu verstecken brauche, sondern sich ruhig zeigen solle. Denn es gehe nicht darum, die Natur zu verbessern und zu vervollkommnen, sondern sie in einer übernatürlichen Schönheit, unübersehbar kunstvoll künstlich, zurückzulassen.

Im modernen Dandy versteckt sich die Kunst nicht mehr; sie zeigt sich ostentativ. Der Dandyismus setzt eine sagenhaft gestylte Körperpolitik gegen die Körperschaften, die der moderne Anzug erschafft. Stil — daran ließen die Dandys keinen Zweifel — war wichtiger als alle produktive Leistung und Politik. Das war eine eminent politische Aussage gegen den republikanischen, von Männern verkörperten Staatskörper, ein Frontalangriff auf die bürgerliche Ideologie des »selbst nichts sagen« der Kleider, die »scheinlos und ohne sich hervorzutun«, die Persönlichkeit zeigen. Ein Angriff auch gegen den bürgerlichen Mann, der mit seinen Kleidern sagt, dass er Wichtigeres zu tun hat, als einen Gedanken auf diese zu verschwenden. Mit den Dandys wird die Eleganz von dem herrschenden Ideal des schönen Lebens, das die Bürgerlichen im Namen von Natürlichkeit und Authentizität zu den Akten gelegt hatten, zu einem Protest der Subkulturen. Eleganz wird scharfgeschnittenes *cutting edge*. Sie bildet sich am Rande, bei den Marginalisierten gegen den Mainstream heraus. Sie schwimmt nicht im Strom der Zeit Richtung Moderne mit.

So dandy

Der Dandy ist ein Mann, dessen Sinn und Bestimmung es ist, Kleider zu tragen: »A dandy is a Clothes-wearing man.« – Ein Dandy ist also ein Mann, der Kleider trägt, ein Mann, der angezogen ist, definierte des Essayisten Thomas Carlyle neuer Schneider, *Sartor Resartus*. Sollte man aus der Definition des Dandys als eines Mannes, der Kleider trägt, schließen, dass die anderen Männer, all jene Nicht-Dandys, so gut wie nackt in der Welt herumlaufen? Dem Kleidertragen kommt hier offensichtlich eine emphatische Bedeutung zu, die Carlyle im Folgenden erläutert: »a Man whose trade, office and existence consists in the wearing of Clothes. [...] as others dress to live, he lives to dress.« Was für andere eine gleichgültige Notwendigkeit darstellt, ist Sinn und Zweck im Leben des Dandys. Er lebt, um sich anzuziehen. Es ist sein Beruf, seine Berufung, sein Ein und Alles. Allen Wert der Welt legt der Dandy auf seine äußere Erscheinung. Der völligen Hingabe an sein Äußeres, diesem Kult der Erscheinung, schreibt Carlyle eine religiöse Dimension zu; der Dandyismus wird zur Sekte. Der Dandy ist geradezu »Zeuge und lebendiger Märtyrer des ewigen Wertes der Kleidung«. Das bedeutet eine völlige Verdrehung des Gemeinsinns, der in den Kleidern das äußerlich Unwichtigste, den eitlen Inbegriff alles Vergänglichen sah: Nichts sei flüchtiger als die Moden, was heute der letzte Schrei, ist morgen schon vergessen und tot. Unbezeugbar ist der ewige Wert der Kleidung, der Dandy also ein Zeuge auf verlorenen Posten, dem nichts als eine gewisse Eleganz bleibt.

Wespentaille – Glanz – missfallen –
Charles Baudelaire – schwarzer Prinz der Eleganz –
le style c'est l'homme

Genderfluid

So steht der Dandy nicht nur zwischen Aristokratie und Bourgeoisie, sondern auch zwischen Männern und Frauen. Denn Frauen blieb in der Moderne nicht viel anderes übrig, als sich durch Kleider hervorzutun; das war das einzige Ausdrucksmittel ihrer Persönlichkeit, das ihnen blieb. Indem er allen Wert der Welt auf seine Kleider legt, benimmt sich der Dandy wie eine Frau. Der Dandy korsettiert sich sogar und legt sich so der Sanduhrform zuliebe eine Wespentaille zu, ganz wie es die Aristokraten und im 18. Jahrhundert vor allen Dingen die Frauen taten. Das Korsett avancierte im 19. Jahrhundert zum weiblichen Kleidungsstück par excellence. Kein bürgerlicher Mann kam mehr auf die Idee, sich in ein Korsett zu schnüren.

Andererseits gilt der sagenhafteste der Dandys Beau Brummell als der Erfinder des modernen Männeranzugs. Nüchtern, einfach, macht dieser der adeligen Mode der Höflinge den postrevolutionären Garaus. Wie der bürgerliche Mann – im Gegensatz zum Aristokraten – schminkt sich der Dandy nicht. Er pudert sich nicht die Haare, die alten Zöpfe sind abgeschnitten. Beau Brummell trägt seine Haare à la Titus, kurzgeschnitten und offen. Statt des aristokratischen Parfüms beschränkt sich der Dandy oft schlicht auf Wasser und Seife. Aber natürlich machte er die Seife zu einem Kult – und die Qualität des Wassers auch. Seine Einfachheit, seine Natürlichkeit, sein Stil ergeben sich nicht einfach so aus dem Erstbesten, und das fällt jedem ins Auge. Sie ist das Ergebnis des kunstvollsten *self-fashioning*.

In Carlyles beißender Satire liegt dem Dandy nichts daran, wohlhabend oder reich zu werden. Das Primat des Ökonomischen ist ihm gänzlich fremd. Er lebt nicht für den Glanz von Silber und Gold, sondern für den Glanz in den Augen der andern. Gesehen will er werden, überraschen, den anderen in die Augen stechen. Der Dandy sieht im Blick der andern allerdings nur sich selbst. Im Auge des Publikums überprüft er die Wirkung seiner Selbstinszenierung. Der Dandy ist so ganz das Gegenteil des modernen Europäers, wie ihn Nietzsche definiert hat: kein Mann, an dessen Kleidern man sieht, dass er anderes und Wichtigeres im Kopf hat als Kleider. Der Dandy lebt für das Spektakel seines Selbst, für den Schein allein.

Im Blick der anderen will der Dandy nicht etwas geliebt oder bewundert werden. Er legt es darauf an, das Auge des Publikums zu überraschen. Gezielt gibt er der aristokratischen Sitte nach, durch Extravaganzen zu missfallen. Blasiert, gibt er sich selbst nie überrascht, während er die andern überrascht. Ohne das Auge der Öffentlichkeit kein Dandy. In seinem Leben wird alles Form und zeigt sich als solche. Wie der bürgerliche Mann auf den Höfling in der Ablehnung all dessen, was den ausmacht, negativ bezogen blieb, so der Dandy auf die bürgerliche Doktrin, der es um authentisches, natürliches Sein geht. Die Authentizität wird dadurch sichtbar, dass sie nicht mehr schön, zu Gefallen und am besten auf niemanden bezogen völlig funktional ist. Logisch, dass der Dandy überall aneckt.

Werfen wir noch einen kurzen Blick auf Baudelaire, der selbst ein großer Pariser Dandy war und vielleicht der erste Punk. Den Dandy hat er »schwarzen Prinzen der Eleganz« genannt. Ob er dabei an den Prinzen gedacht hat, dem Castiglione das Tragen von Schwarz als die eleganteste aller Farben empfahl? Der Dandy ist für Baudelaire die letzte Ausprägung des Heldischen in den Zeiten des Verfalls: ein Sonnenuntergang ohne Wärme, aber dafür mit viel Melancholie. Eine Figur des Übergangs sieht Baudelaire im Dandy, ein Symptom zwischen Aristokratie und bürgerlicher Demokratie. Seine Zeit ist die, als die Demokratie noch nicht allmächtig geworden und die Aristokratie noch nicht ganz auf den Hund gekommen ist. Ihn zeichnet also eigentlich nur eins aus: ein unbedingtes Begehren, anders als die anderen zu sein, die alle gleich sind.

Dieses gründliche Anderssein bezog der Dandy in Verkehrung der Wertevorstellungen nicht auf die Tiefe seiner Persönlichkeit oder seines Charakters, sondern ausschließlich auf sein äußeres Erscheinungsbild. In seinem Leben vervollkommnet der Dandy nichts als seinen Lebensstil, der sich jenseits aller Innerlichkeit oder Leistung rein und ohne Rest äußerlich niederschlägt. Das ist für ihn Beruf und Berufung. Ein Dandy hat sonst keine Interessen und Leidenschaften; weder das Geld noch die Frauen interessieren ihn. Er tanzt nicht um das goldene Kalb des Kapitalismus, Sex und Geld. Seine Passion ist der bedingungslose Kult eines Selbst, der jede Minute des Daseins ausfüllt. Die reine Äußerlichkeit, die Perfektion der Form, der er sich ganz hingibt, ist sein innerstes Wesen: *le style c'est l'homme*.

Durch Kleider hervortun – Ausdruck der Persönlichkeit – Oberflächlichkeit – Religion – Frivolität – Klosterregel – letzter Held – *un Hercule sans emploi* – Sein und Schein – bürgerlich-männliches Ideal – leisten können – Kredit – Gläubiger – ruiniert – Caen – Brüssel – Entäußerung – Disziplin – Askese – Sport – verdinglicht – Punk – Körperkult – Syphilis – genderfluid – *non-binary* – Stigma des Weiblichen – *cross-dresser* – divers – *garçonne*

Melancho-lisches ***self-fashioning***

Dandys bildeten eine blasierte, eine hochmütige Kaste, sie sind eine *institution vague*, deren Oberflächlichkeit ihre Religion ist. Der letzten Frivolität, dem leeren Schein, hängen sie so bedingungslos wie absolut an. »Noch die strengste Klosterregel ist nicht despotischer und wird nicht genauer befolgt als diese Lehre der Eleganz und Originalität.« Der Dandy ist ein Überhang aus einer vergangenen Zeit, letzter Heros in einem Zeitalter, das alles Heroische in Vulgarität und Utilitarismus einebnet. Aber er ist ein Held ohne Aufgabe, für den es nichts mehr zu tun gibt: *un hercule sans emploi*. Ein Herkules ohne Job, nutzlos sticht er aus allen anderen durch seine völlige Dysfunktionalität, seine groteske Unangepasstheit heraus. Jeden regt er auf, nirgends gehört er hin, er läuft als Paradox durch die Welt. Er verkehrt die Prämissen einer Ordnung, die ihm absurd hässlich erscheint, sein Sein ist sein Schein. Der Dandy ist jemand, der eine Chance ergreift, wo er – ja weil er – keine hat.

Als eine Kaste, ein Klosterorden, ist er das Gegenteil des bürgerlich-männlichen Ideals, das Gegenteil freier, gleicher, selbstbestimmter, selbstbewusster Individuen, die als Familienoberhäupter Kinder zeugen und einem Berufsleben nachgehen. Denn diese definieren sich über produktive Arbeit: über ein Tun, eine Leistung und deren Resultate, nicht über leeren Schein. Nichts an ihnen ist Schein, alles Sein. Sie verschmähen jede Form bloßer Rhetorik, schierer Äußerlichkeit.

Ein Gegenstück zum utilitaristischen Ethos ist der Dandy nicht zuletzt auch, weil er Geld und Zeit im Überfluss verbraucht. Ganz sicher kann er sich nicht nützlich machen und einem bürgerlichen Beruf nachgehen. Aus bürgerlicher Perspektive ist er steril unproduktiv, parasitär schmarotzend. Überhaupt leistet er sich, was über das, was er sich leisten kann, hinausgeht. Er braucht kein Vermögen, sondern unbegrenzten Kredit. In seinem planvollen Verschwenden zeigt sich völlige Indifferenz gegen alles Akkumulationsdenken von Kapital. Für ein Nichts gibt der Dandy leicht ein Vermögen aus. Der den Aristokraten abgeguckte Spielrausch, bei dem ohne mit der Wimper zu zucken riesige Summen verloren werden, die man nicht hat, sondern nur braucht – dieser Spielrausch ist das Gegenteil des bürgerlichen Arbeitsethos, die Absage an eine vom Streben nach Gewinnmaximierung beherrschte Welt.

So lebt der klassische Dandy im tatsächlichen Leben auf der Flucht vor Gläubigern. Ruiniert, stirbt er nicht selten im Exil: Beau Brummell im Irrenhaus von Caen, ohne einen Pfennig, Baudelaire, der zwei Jahre in Brüssel vegetiert hatte, krank und bankrott in einem Pariser Pflegeheim. Als ein Antityp des Bürgers ist der Dandy jedoch nicht einfach ein Möchtegern-Adeliger, kein Snob, sondern, meinte Baudelaire, Beispiel einer neuen Art von Aristokratie: Keine Herrschaft des Geistes oder des Herzens zählt, sondern allein die Formvollendung.

Die Selbstdarstellung des Dandys gilt nichts anderem als der immerwährenden Selbst-Vollendung, der völligen Entäußerung an die Oberfläche. Nichts findet der Bürger verächtlicher. Nötig für diesen Kult ist eine Disziplin, die strikteste Askese und Extremsport einschließen kann. Der Dandy kontrolliert seinen Körper durch Askese und Sport, aber die Askese hat ihren einzigen Sinn darin, zweckfrei ästhetisch aufzutreten. Sie ist nicht wie das Trimm-Dich, das sich für den Berufsalltag fit hält. Die sportliche Verausgabung mancher Spitzenmanager bis zum Zusammenbruch hat etwas von dieser rauschhaften Selbstverschwendung des Dandys.

So ist des Dandys äußerste Vollkommenheit seltsam provokativ. Aufreizend widerspricht er mit jeder Faser seines Körpers, mit jedem Faden seiner Weste der Vorstellung von authentisch natürlichem Sein samt der Innerlichkeit der Persönlichkeit. Er verdinglicht sich selbst aus freien Stücken. Souverän ist er darin, wenn er der Bourgeoisie den Spiegel vorhält zu dem, was sie in ihrer Instrumentalisierung der anderen, der Frauen und Arbeiter, tut.

So völlig deplatziert, so aus der Zeit gefallen sich der Dandy einmal fühlte, so auf der Höhe der Zeit erwies sich im Nachhinein sein Protest im Zeichen der Eleganz, im Zeichen der Form. Er ist Vorläufer der Punks, die aus unserer Vorstellung von Schönheit und Eleganz nicht mehr wegzudenken sind. Auch sie wollten, hundert Jahre später aufs Künstlichste zurechtgemacht, mit Natürlichkeit und den Konventionen der Authentizität nichts zu tun haben. Nach vorne wies ein Körperkult, der auch heute aus den diametral entgegengesetzten Gründen betrieben wird. Nicht nur ist Diät zur bestimmenden Lebensform auch für Männer geworden. Den Tag mit

Fitness zu beginnen, mit Schwimmen, Tennis, Laufen, erscheint längst den meisten als Ideal, der Personal Trainer ist Teil vieler Leben. Am Handgelenk werden Schritte, Kalorien, der Körper in allen Regungen kontrolliert. Alles im Griff.

Gesund zu leben, Selbstoptimierung zu betreiben war indessen die Sache der Dandys nicht – ihre Gründe waren diametral entgegengesetzt, und Syphilis, Wahnsinn und Tod lagen über allem. Die Askese der Dandys stand nicht im Dienst einer schöneren Seele. Sie war auch nicht als Hilfsmittel zum schnelleren Erfolg gedacht. Das soziologische Wissen, dass die Schlanken, Schönen, Gepflegten erfolgreicher sind und man folglich deshalb in Karrieredingen keine bessere Visitenkarte als sein Äußeres haben kann, blieb der Kultur der Dandys fremd. Dagegen waren sie Vorläufer sämtlicher Modetrends, die bereits seit der frühen Moderne im Androgynen liegen. Genderfluid war der Dandy, *non-binary* aus Leidenschaft natürlich auch. Er tat, was für jeden richtigen Mann verpönt war, was Männer mit ihren Charakterköpfen nicht nötig hatten.

Aber dem Dandy ging es nicht darum, das *cross-dressing* positiv oder akzeptabel zu machen. Ihm ging es nicht um das Diverse oder andere löbliche Ziele. Er bürdete sich bewusst ein Stigma auf, legte es sich mit Fleiß zu, ertrug lässig die damit verbundene Abwertung, das Lächerliche seiner Person, das zu endlosen Satiren Anlass gab. Aber unversehens war die moderne Frau, die *garçonne*, in ihrer neuen *allure* geboren. Geboren zu einer

Eleganz, die im Dandy Form angenommen hatte und über ihn hinauswuchs, legten nun Frauen die Kleider des Dandys an.

Weltekel – Huysmans, *A rebours* – Hässlichkeit – Vulgarität – Aufsteiger und Neureiche – profitieren – Holland und London – Rue Castiglione – Themse – Dickens und Poe – Zahnbürste – Samtbrokat – ausgesucht

Anywhere ***out of this world***

Anywhere out of this world

In der kosmopolitischen Kultur des Fin de Siècle, in der der Petroniuskult blühte, bekam die Eleganz etwas Weltabgewandtes, Weltverachtendes. Der Roman, der das am einflussreichsten formulierte, ist Huysmans *A rebours*; er steht unter dem Motto *anywhere out of this world*. Ganz egal wo, Hauptsache außerhalb der Welt – diese Worte legt Baudelaire in den Prosagedichten seiner Seele in den Mund, vor der er die Schönheiten der ganzen Welt ausbreitet, um sie zu fragen, wo sie leben möchte. Weltabscheu charakterisierte diese Eleganz; Angst, mit der Hässlichkeit und Vulgarität der Welt, der dummen Selbstzufriedenheit und Engstirnigkeit der Leute und besonders der Bourgeoisie in Berührung zu kommen. Was konnte widerlicher, verletzender sein, als die wilde Entschlossenheit der Aufsteiger und Emporkömmlinge? Was grotesker als die Neureichen, die aus dem Leben das meiste herausholen und, koste es, was es wolle, optimal zu profitieren gedachten?

Der Merkantilismus machte alles zur Ware, die verdinglichte Welt war entzaubert. Die Berührung mit ihr konnte nur schmerzlich desillusionieren. Aus dieser Welt kann man sich in die Kunst, in die Bibliotheken, in fremde Länder, in die Musik oder in die Vergangenheit verabschieden. Die kunstvollen Welten – das Holland, in das man sich in der niederländischen Malerei von Brueghel oder Rembrandt versetzt sah –, all das wird durch eine tatsächliche Hollandreise, die der Held des Romans von Huysmans, Jean Floressas Des Esseintes, unternahm, nur enttäuscht.

Des Esseintes, kurz davor, in den Zug nach London zu steigen, erinnert sich an die prosaische Enttäuschung der Hollandreise, und so kommt er nur bis zur Ecke der Rue Castiglione. Aber dieses Paris, in Regen, Nebel und Matsch, hat sich in ein London verwandelt. Die regenverhangenen Arkaden der Rue de Rivoli werden für Des Esseintes zu einem nassen Tunnel unter der Themse; er meint, die Schlepper auf dem Fluss fluchen zu hören. Seine Londonreise unternimmt er mit dem Baedeker, mit Dickens und Poe, in den englischen Lokalen, mit Haddock, Roastbeef, Ale und Amontillado zwischen englischen Geistlichen und Damen, die, mit großen Händen und Füßen, unheimliche Portionen von *steak kidney pie* verschlingen – in Paris. Tatsächlich dort zu sein kann ja nach diesem Londoner Nachmittag im Herzen von Paris – englischer geht es nicht – nur eine Enttäuschung werden. Außerdem hat man ihm seine Zahnbürste nicht eingepackt.

Wandte man von all dem nicht angewidert und gelangweilt die Augen ab, konnte man sich der zeitgenössischen Welt nur in Form der Satire widmen. Die Eleganten zogen sich angeekelt von dieser widerlichen Welt in die Einsamkeit zurück, schlossen die mit Samtbrokat verhängten Fenster und Türen, dämpften mit viel Aufwand noch die Schritte ihrer Dienstboten. Des Esseintes ist in seiner Klausur als Asket wie die Mönche der Welt gestorben. Kein Mensch, kein Postbote, kein Paket, kein Reklameprospekt hat zu seinem völlig abgeschotteten Leben Zutritt. Seine Zeit verbringt er aber nicht mit dem Gottesdienst, sondern mit dem Kult einer absoluten Eleganz. Auserlesen richtet er diese Klausur ein; die Bibliothek, das *intérieur*, die Speisen, das Teesortiment, die Weine, die Garderobe finden nicht ihresgleichen. Das Ausgesuchteste der ganzen Welt strömt hier zusammen. Aber Des Esseintes unterhält keinen Salon, sondern verbringt seine Zeit allein – mit Büchern, Musik, in selbst eingerichteten Kupferstichkabinetten, in eingebildeten Welten, imaginierten Zwiegesprächen.

Des Esseintes – edelsteinbesetzter Schildkrötenpanzer – Diamanten am kleinen Finger – Amethyst – Metzgerinnen – pathetisch-grotesk – elegant im Hässlichen? – Wertschätzung und Respekt – Kleopatra – golddurchwirkt – Perlen in Essig – entwerten

Todestrunken

Um die Lebhaftigkeit der Lichtreflexe in einem alten Orientteppich zu untermalen, entscheidet Des Esseintes sich, eine Schildkröte darüber laufen zu lassen. Nach vielen Versuchen und Enttäuschungen lässt er zur Verblüffung des von ihm beauftragten Edelsteinschleifers den Schildkrötenpanzer nach einer japanischen Zeichnung mit den ausgesuchtesten und rarsten, überraschendsten Edelsteinen besetzen. Die Auswahl dieser Edelsteine stellt ihn vor die größten Schwierigkeiten. Alles Übliche ist zu ordinär: Jeder Geschäftsmann trägt einen Diamanten am kleinen Finger, Smaragde und Rubine erinnern ihn an die grünen und roten Scheinwerfer der Omnibusse, die billigen Topaze sind den Kleinbürgern lieb und teuer, der Amethyst hängt schwer an den blutunterlaufenen Ohren und dicklichen Fingern der Metzgerinnen; Sie sehen, alles äußerst kompliziert. Und die Leichtigkeit, das Beiläufige ist aus dieser todestrunkenen Auserlesenheit auch gewichen. Die Schildkröte mit dem zweifellos erlesensten Panzer der Welt läuft nicht über den abgeblichenen Orientteppich, um dem ein Licht aufzusetzen. Sie bewegt sich nicht mehr; sie ist tot.

Des Esseintes ist auch deshalb ein pathetisch-grotesker Mensch, weil er über dem so kostbar Erlesenen die Leichtigkeit vergisst; en passant, eben auch nicht mehr scheinbar en passant, passiert hier nichts. Aber vor allen Dingen fehlt seinem Leben ein zentrales Kriterium des Eleganten: die Angemessenheit, das harmonisch Ausgewogene. Nun kann man mit Theodor W. Adorno sagen, dass auch Des Esseintes uns klarmacht, dass es kein richtiges Leben im falschen gibt – heißt, dass der Rückzug ins Private keine Möglichkeit für ein alternatives Leben ist. Für Des Esseintes würde man wohl eher sagen, es gibt kein schönes, elegantes Leben – auch im Rückzug in die völlige Isolation nicht – in einer hässlichen Welt.

Angemessen müssen Aufwand und Effekt sein; angemessen muss aber auch die Wertschätzung der Arbeit und damit der Respekt vor dem Können des anderen sein. Den besten Edelsteinschneider zu engagieren, um Edelsteine von unerreichter Kostbarkeit für einen Schildkrötenpanzerbesatz einzusetzen, den man dann vergisst, ist unangemessen, ja respektlos. Letzten Endes kippt dieses Unangemessene in Gleichgültigkeit diesem ausgesuchten Können gegenüber, das man anerkennen und nicht einfach vergessen und damit verachten sollte. Sich an anderen für seinen Weltekel zu rächen, seinen Kick aus dieser Vernichtung aller Werte zu ziehen, ist äußerst unelegant.

Wertlos-Machen, Entwerten, Zur-Nichtigkeit-Machen noch des Ausgesuchtesten ist eine Perversion des Eleganten, zu dessen Ikone Kleopatra in den Mythen, die um ihre luxuriöse Lebensfeindlichkeit und die gefürchtete Herrschaft des Weiblichen gesponnen wurden, geworden ist. Cleopatras golddurchwirkte, leichte Kleider, durch die ihr Körper schimmert, ihre purpurnen Seiden sind elegant; sie aber zu tyrannischer Unterwerfung der Männer und Festigung ihrer Macht einzusetzen ist unelegant. Seltenste Perlen, die unter Einsatz des Lebens von Perlenfischern aus dem Meer geborgen werden, in Essig aufzulösen und zu trinken ist unelegant. Es ist grausam, die Anstrengung, das Risiko des Lebenseinsatzes, das Können dieser Perlentaucher zunichtezumachen. Gerade eine Herrscherin wird so in ihrer tödlichen Langeweile und Melancholie, in der nichts mehr sie glücklich machen kann als die Zerstörung, zur maßlos unterwerfenden Tyrannin.

Spitzenkeid – angemessen – ein Kleid von Dior – brutal kenntnisfrei – Wertschätzung – Pflege und Flicken – *haute couture* – *fast fashion* – Glück der Vollkommenheit – die großen Schneiderinnen – Sylvie Ohayon, *Haute couture* – Die Schönheit der Geste – vintage – *upcycling*

Verzweifelt

Es ist unangemessen, ein Spitzenkleid, das viele Stunden Handarbeit und Unsummen gekostet hat, in einem rauschenden Fest, von dem man sich Vorteile für die eigene Karriere erhoffte, aus Versehen in Flammen aufgehen zu lassen – wie es in dem Film *Mrs. Harris und ein Kleid von Dior* geschieht. Der Film, nach dem Roman von Paul Gallico *Mrs. 'Arris Goes to Paris* kam 2022 in die Kinos. Allerdings betont Gallicos Titel im *glottal stop* den Cockney-Akzent der Kriegswitwe, die in London putzen geht: *Mrs. 'Arris*. Damit ist von vornherein klar, dass »Dior« und »Cockney«, der Regiolekt der Londoner Arbeiterklasse, eigentlich wie die Faust aufs Auge passt. Aber Mrs. Harris zeigt eben sowohl im Film als auch im Roman ein absolutes Auge für die Eleganz und Schönheit der *haute couture*; alles setzt sie daran, ihren Traum zu verwirklichen.

Eine junge Londoner Schauspielerin, Pamela, nicht mit Taktgefühl gesegnet, bekommt das Kleid von Mrs. Harris, die bei ihr putzt, für einen Ball geliehen. Die hat es sich vom Mund abgespart, weil sie seine unvergleichliche Schönheit unwiderstehlich findet. Die unbedarfte Schauspielerin zeigt eine brutale Kenntnisfreiheit des Wertes der Arbeit und eine völlige Unfähigkeit zur Wertschätzung dieses außerordentlichen Kleidungsstückes.

Ein solch hässliches Verhalten zeigen heute nicht mehr nur die Reichen und Schönen; es ist zu einem Massenphänomen geworden. Sinnlose Verschwendung, unangemessen den Ressourcen und der in sie investierten Arbeit gegenüber. In den USA wirft man fast jede Saison die gesamte Baumwollwäsche weg; ausgebessert wird sowieso nichts mehr.

Auf diese barbarische Unkenntnis treffen heute die *haute couture* und das *prêt-à-porter* der großen Häuser oft genug; nur weil man sich etwas nicht leisten kann oder will, sollte man doch fähig sein, eine schlechte Kopie von einem interessanten Entwurf und einer exquisiten Handarbeit zu unterscheiden. Man erlaubt es sich, seine Frustration, vielleicht seinen Neid, vor allen Dingen seine Unkenntnis gegen das Schöne, Ausgesuchte zu wenden. Der Preis, zu dem *fast fashion* verschleudert wird, verneint den Wert der Arbeit, der in sie eingeflossen ist, beschleunigt folglich die Ausbeutung und zerstört die Selbstachtung der Näherinnen. Er ist aber auch dem Handwerk der Näherei und der Kreativität, die in die Entwürfe geht, unangemessen. Diese Unfähigkeit, das Ausgesuchte zu würdigen, dem Exquisiten gerecht zu werden, diese Barbarei dem Vollkommenen gegenüber ist nicht nur unelegant, sondern hässlich. Sylvie Ohayons Film *Haute couture – Die Schönheit der Geste* erzählt von der Erfüllung, die eine Schneiderin in den Ateliers von Dior darin findet, etwa Schönes zu tun, und etwas Schönes zu tragen: Wollbouclé, mit Seide gefüttert, gut geschnitten. Nicht wie die Jungs in der Metro um sie herum, die »Plastik« tragen. Dieses Glück wird vollkommen, als sie ihr Können, ihre Leidenschaft an eine junge Frau aus den Banlieues weitergibt.

Schon länger haben sich neben *fast fashion* und dem schnellen Wegwerfen das Vintage, das Tragen von bereits

Getragenem und das *upcycling*, das Umschneidern von Getragenem, entwickelt. *Vintage pop-up stores* wie das *Vestiaire Collectif* sind längst nicht mehr nur Onlineforen, sondern finden sich heute im *Bon Marché*, dem Luxuskaufhaus der *rive gauche* und Vorbild für Émile Zolas *Au Bonheur des Dames. Fast-fashion*-Tempel wie *H&M* haben mittlerweile Vintage in ihr Angebot integriert. *Slowear* läuft der *fast fashion* den Rang ab. Elegant wird so dem Können der Näherinnen, der Qualität des Stoffes, dem Raffinement des Schnitts eine *hommage* erwiesen.

Elitär – Distinktionsbegehren – Ironie – Nonchalance – widerborstig – schräg – Freiheit, die man nimmt – lächeln – Sapeur – Tyrannen – Re-Authentifizierung – Identitätspolitik – *Black Bazaar* – Chateau d'Eau – Brazzaville – Dior – Diva – radschlagende Pfauen – Geck – Gentlemen of Bacongo – Beruf und Berufung: Kleider tragen – *dressed to kill* – Dandys – unheimliche Mimesis – bizarr – absoluter Stilwille – Kolonialherren – souverän – witzig heroisch – hochelegant

Das ambivalente **Schillern:** *saper*

Eleganz wird oft als elitär gebrandmarkt. Aber liegt die wirkliche Eleganz nicht in der Ironie diesem angestrengten Distinktionsbegehren gegenüber? In der Nonchalance gegen diesen Wettbewerb? In seinem Untergraben? Sie kompensiert, spielerisch, Unterlegenheit. Schließlich war Beau Brummell ein Snob in einer aristokratischen Gesellschaft, also *sine nobilitate.* Eleganz ist heute widerborstig, leicht spöttisch, ein bisschen schräg. Elegant ist ein Schwimmen quer zum Strom. Eleganz hat etwas bizarr Nonkonformes, ohne sich gegen das Konforme aufzulehnen. Eher belächelt sie das Begehren nach Konformität, den Wunsch, dazuzugehören. Anstoß zu erregen ist natürlich nicht elegant, nonchalant neben den Normen zu schwimmen schon eher. Ganz unelegant ist nur, wenn der Distinktionswille sich in unangenehmer Überheblichkeit der eigenen Überlegenheit sicher ist. Eleganz braucht den Stilbruch und lebt von einer Freiheit, um die man nicht kämpft, sondern die man nimmt. Die Eleganten haben eine oft bizarre Lebenskunst, die vom Konformismus des Mainstreams so weit entfernt ist wie der Mond von der Erde.

Ein derart grotesk heroisch Unangepasstes, das keinen Moment an Auflehnung, sondern an die steile Überbietung der Normen des Eleganten denkt, zeichnet die kongolesischen Sapeurs aus, abgekürzt SAPE: *Société des Ambianceurs et des Personnes Élégantes*. Die Gesellschaft entstand in den 1980er-Jahren als Reaktion auf die 1971 durch den (von den USA gestützten) kongolesischen Präsidenten Mobutu Sese Seko betriebene afrikanische

Re-Authentifizierung. Diese Re-Authentifizierung hatte auch eine kleiderpolitische Seite: Um einen Bruch mit der kolonialen Vergangenheit zu markieren, setzte der durch den US-Neokolonialismus geförderte Mobutu auf den Abacost. Diese an Mao Zedongs Stil angelehnte Jacke sollten seine Führungseliten tragen. »Abacost« kommt von *à bas les costumes*: nieder mit dem Anzug. Als authentische Nationaltracht setzte es der folternde, machistische Kleptokrat in amerikanischen Diensten gegen den westlichen Anzug mit Hemd und Krawatte durch. Gegen diese Identitätspolitik setzten die Sapeurs auf den Anzug. Aber wie!

Der Geburtsort der Sapeurs ist Brazzaville. Aber in Paris, um die Metrostation Château d'Eau herum, und in Brüssel, den ehemaligen Hauptstädten des belgischen und des französischen Kongo, gibt es eine *swinging* Diaspora. Ihren Galaauftritt in der Literatur hatten die Sapeurs 2009 in Alain Mabanckous *Black Bazar*. Leidenschaftlich dreht sich die Welt dieser Männer um Manschetten und Krokodillederschuhe von J. M. Weston, um die Kunst des Krawattenbindens, um die Magie des Dreiklangs der Farben. Um Cohiba-Zigarren und Versace, um Ungaro, Yves Saint Laurent und Dior. Wie in allen Kulten ging es auch in diesem Kult des perfekten Auftritts um die reine Lehre und den wahren Ursprung.

Der Held aus Brazzaville trägt als Mitglied dieses exklusivsten aller Clubs ausschließlich maßgeschneiderte Anzüge; Kleid ist Kult. Unser Dressman wohnt mit fünf anderen in einem Zimmer, verdient sich mehr schlecht als recht ein bisschen Geld im Schweiße seines Angesichts. Aber er hat so viele Koffer mit den begehrtesten Designerstücken dieser Welt gefüllt wie eine Diva auf größter Operntour. Er shoppt wie sonst nur Frauen, bis er umfällt.

Was anziehen? Das bereitet den Sapeurs gleich Schauspielerinnen vor den Oscar-Verleihungen das allergrößte Kopfzerbrechen. Stolz wie Pfauen auf und ab paradierend lassen sie sich dann in ihrer strahlenden Eleganz bewundern und spannen allen andern die Frauen aus. Ihre Energie verwenden sie auf die hohe Kunst des Details: das richtige Binden der Krawatte, den passenden Ton der Strümpfe: »Sag mir, wie du deine Krawatte bindest, und ich sage dir, wer du bist – oder auf wen du stehst.« Wie die Dandys betonen die Sapeurs, dass nicht nur entscheidend ist, was man trägt, sondern vor allem, wie man es trägt.

Exzentrisch, penetrant und oft lächerlich auffällig, schlicht unpassend sind die Sapeurs in jeder Hinsicht. Ihr Ein und Alles sind die Kleider, ihr Stil, den sie so kompromisslos leben, dass sie dafür manchmal nicht essen. Ihre Art, sich anzuziehen, lässt sie nicht in der Menge untertauchen; sie hebt sie krass heraus. Das Außergewöhnliche, Exzentrische, absurd Luxuriöse lässt sie zum Spektakel werden. Und obwohl sie sich (fast so) kleiden wie ein Gentleman, sind sie dessen gerades Gegenteil.

Ein Gentleman unterliegt in seinem Auftreten bekanntlich zwei Tabus: Auf keinen Fall darf er auffallen. Und auf keinen Fall darf er so wirken, als habe er einen

Gedanken auf die Kleider, die er trägt, verschwendet. Sonst wäre er ein Geck. Die Gentlemen aus Bakongo in Brazzaville stechen einem unübersehbar in die Augen, weil sie völlig aus dem Rahmen fallen. Dass sie keinen Gedanken auf Kleider verschwendeten – auf diese Idee kommt man beim besten Willen nicht. Sie sind, um mit Thomas Carlyle zu sprechen, Männer, deren einziger Beruf, ja deren Amt es ist, Kleider zu tragen.

Ursprünglich waren die Sapeurs eine Elitetruppe der französischen Armee, die in den Kolonien auch zur Erschließung des Landes eingesetzt wurde. Nicht von ungefähr hatte die Bewegung einen kriegerischen Ursprung; schließlich sind die Sapeurs *dressed to kill*. Nach der französischen Eliteeinheit heißt *saper* auch unterminieren, unterwandern, zersetzen. Die Sapeurs aus dem Kongo ziehen wie jedermann einen Anzug an, bloß ziehen sie ihn wie die Dandys anders an. So zersetzen, unterminieren sie in unheimlicher Mimesis die koloniale, bürgerliche Ordnung der Geschlechter und der Klassen. Die Sapeurs verkleiden sich – als Kolonialherren. Diesen und deren neuester Version, den Reichen und Schönen der Welt, führen sie ihr Spektakel auf den staubigen Straßen, zwischen den notdürftig zusammengehaltenen Blechhütten von Brazzaville oder auf den schäbigen Boulevards der Banlieues von Brüssel oder Paris auf.

In Brazzaville haben sie Star-Status: Gewöhnliche Sterbliche betrachten sie, als wären sie von einem anderen Stern. Wie Prominente werden sie auf Feste eingeladen, deren symbolisches Kapital sie erhöhen. Diese bizarren Gestalten, die mitten in, ja aus der völligen Armut heraus einen absoluten Stilwillen entwickeln, sind Helden der Postmoderne. Ihr Credo ist die wiedergeborene Eleganz. Geschmückt mit fremden Federn und unter falschem Namen – nicht ihrem eigenen, sondern dem der Designer –, enteignen sie durch Aneignung. Als spektakuläre Fremdkörper bringen die Sapeurs den Kolonialherrn zurück auf die Bühne, die er geschlagen verlassen hatte. Durch diese Verfremdung, diese Entstellung wirken die Männer in den gewöhnlichen Anzügen, deren Funktionalität keinen Blick auf sich ziehen sollte, plötzlich verkleidet.

Der übertrieben Elegante – der sprichwörtliche Lackaffe – führt uns vor Augen, dass das Elegante, wenn die Eleganz übersteigert wird, ins Lächerliche abzudriften droht. An den Gentlemen of Bacongo sieht man aber auch, dass die Eleganz und ihr ambivalentes Schillern etwas geändert haben. Vom Sublimen zum Lächerlichen, hatte Napoleon gesagt, ist es nur ein Schritt.

Beau Brummell, Petronius, die Dandys und die Gentlemen of Bacongo zeichnet ein souveränes Verhältnis zur Macht aus; sie bieten ihr ohne viel Aufhebens, witzig, die Stirn. Sie sabotieren. Einfach dadurch, dass sie es sich leisten, das in den Augen der Macht Unwichtigste für das Allerwichtigste zu halten. Das geschieht in der Moderne vor allem dadurch, dass sie nicht nur die Macht, sondern auch sich selbst nicht ganz ernst nehmen. Und unangefochten einen Wert über alle anderen stellen, der den meisten einfach lächerlich erscheint: die Form. Um jeden Preis. Das hat in der Gleichgültigkeit gegen das Angesagte, in der Kampfansage gegen die herrschenden Werte der Authentizität nicht nur etwas Witziges, sondern etwas Heroisches. Und so kann dann das Hochelegante doch noch, unter bestimmten Umständen, elegant sein.

Zurechtgemacht – *self-fashioning* – kunstvolle Künstlichkeit – authentisch-natürliches Sein – biererns – *social graces* – Eleganz, *a foreign affair* – funktional zweckgebunden – Beziehungsarbeit – flüchtiger Augenblick

Allzu **wörtlich**

Der Witz an der Eleganz war einmal, dass man erst werden muss, wer man ist. Dass man nicht einfach ist, sondern sich macht, zurechtmacht. *Self-fashioning* oder auch Bildung kann man das nennen. Das Ergebnis dieser Arbeit ist die zweite Natur, die als solche zugleich idealerweise verschwindet, gelöscht scheint, als wäre sie die erste Natur. Alles wirkt spontan, leicht. Das Ich hat eine Distanz zu sich und kann sich beobachten. Nichts führt das so witzig vor Augen wie die Dandys in ihrer zur Schau getragenen und ständig überprüften, kunstvollen Künstlichkeit.

Irgendwie kränkt es viele Leute unheimlich, wenn man am Fetisch ihres authentischen, natürlichen Seins kratzt. Damit sagen sie doch nur, dass an ihnen nichts Gemachtes, nichts Gebildetes ist. Was natürlich auch eine Form von Rhetorik ist – leider wenig unterhaltsam, eher bierernst. Gemeint ist, es überhaupt nicht nötig zu haben, an sich zu arbeiten: weder am Redenkönnen, noch an der Kunst, sich anzuziehen, nicht an der Haltung, nicht an den Umgangsformen. Kurz, die *social graces*, gesellschaftliche Anmut, ist ihnen egal. Schon das Wort Form ist zu viel. Manchmal habe ich das Gefühl, dass diese Einstellung in Deutschland besonders verbreitet ist, obwohl es auch da große Unterschiede gibt. Eleganz ist eine *foreign affair*, die sich zuerst in Italien und seit dem 18. Jahrhundert zwischen England und Frankreich abspielte.

Das hat im öffentlichen Raum zu bizarren Verwerfungen geführt. Eine fast aggressive Gleichgültigkeit den anderen gegenüber kann so weit gehen, dass man tut, als wäre man allein. Man grüßt nicht, und weil man sowieso auf die Leute nicht achtet und sie bestenfalls als störend empfindet, lässt man Türen rücksichtslos ins Schloss fallen, sagt nicht Bitte und Danke, steht nicht für Ältere und Schwächere auf, hilft niemandem in oder aus dem Mantel, auch wenn der sich noch so verrenkt. Zieht sich selbst rein funktional zweckgebunden an, sodass es anderen nicht in den Sinn kommen kann und soll, man hätte dabei vielleicht an sie, den Passanten, die Passantin, die des Wegs kommen, gedacht. Diese anderen werden als ärgerliche Hindernisse wahrgenommen, die man störungsfrei umschiffen muss. Jedenfalls benimmt man sich, als würde man die nie wiedersehen. Aber das ist selbst in der anonymsten Großstadt nicht der Fall.

Nichts verschwenden, alles zielgerichtet einsetzen. Das Genießen beschränken wir auf das Genießen zu zweit, Stichwort Beziehungsarbeit. Ist dann auf jeden Fall gut investiert. Dabei könnte man sich fragen, bevor wie unsere Karrieren vorantreiben, Ziele verwirklichen, für unsere Frauen, Männer, Kinder etwas leisten, ob wir das dem Kaiser geben, was des Kaisers ist. Übersetzt: ob wir wirklich nur für uns und die Unsrigen, sprich Familie leben, oder auch in und mit einer Gesellschaft, mit den Menschen nebenan, mit allen anderen. In einer tatsächlichen und nicht rein virtuell gewordenen Realität, in der es gemeinsame Räume, geteilte Zeiten, erlebte Gemeinsamkeit gibt. Und sei es nur für den flüchtigen Augenblick eines Lächelns.

Europa – öffentlicher Raum – Wink aus den Augen – bezaubernd – chronische Befürchtungen – mit den Augen ausziehen, taxieren – Blickregime – Unsichtbarkeit – Tränen – besser gelaunt – Bäcker – heiter bis griesgrämig – Fahrstuhl fahren – Straßenbekanntschaften – elegant, intelligent, gut geschrieben – wie und was – Stil

When *you're* **smiling**

Europa, wie wir es kennen, hat viel Wunderbares, und eins davon ist ein öffentlicher Raum, der nicht nur ziemlich sicher, sondern vor allen Dingen potenziell erfreulich ist. Man setzt sich miteinander ins Benehmen, kommt sich entgegen. Man flirtet, lächelt, begegnet sich höflich. Es ist ein Raum, wo ein Straßen-und-Park-Spaziergang ein Vergnügen ist. Wo man sich im alltäglichen Vorbeigehen etwas Nettes zuwirft, sich gegenseitig vielleicht auch ein bisschen auf den Arm nimmt (schon diese alte Redensart eines vertrauensvollen Miteinanders scheint den neuen, geschäftlich korrekten Abläufen zuwiderzulaufen). Wo eine junge Frau einer älteren mit einem Wink aus den Augen Anerkennung, Bewunderung für ihren Stil zeigt. Wo sie mit einem Lächeln sagt, was für eine bezaubernde Erscheinung die andere ist. Wo Herren in interessant geschnittenen Anzügen *en passant* leere Flaschen in den Container einwerfen und dabei im Vorbeigehen den Passanten einen Gruß zuwerfen.

Dieser Raum ist chronischen Befürchtungen ausgesetzt: abschätzig vergleichend von oben bis unten taxiert und beurteilt, gar mit den Augen ausgezogen zu werden. Zweifellos ist es zur dauernden Sorge geworden, als elitär abgestempelt zu werden, ist man gut angezogen.

Sicher gibt es Auswüchse solcher Blickregime, aber sie kollektiv-neurotisch immerfort zu teilen, mitzuteilen, heißt, sie zu befördern. Aus Angst, für übergriffig, sexistisch oder rassistisch gehalten zu werden, sieht man sich lieber gleich überhaupt nicht an. Und das ist das

Ende dieses wunderbaren Geschenkes, das Ende eines charmanten, eleganten, öffentlichen Raums. Zu Hause angekommen, fällt einem plötzlich auf, dass man an einem strahlenden Frühlingstag auf dem ganzen Weg nicht einmal angeblickt und schon gar nicht angesprochen worden ist. Sehr erschöpfend, auf der Straße nichts zu erleben; es bringt einen an den Rand der Tränen. Das Gefühl der Unsichtbarkeit ist eine der unzivilisiertesten, ja erschreckendsten Erfahrungen; wie Monaden, die nichts miteinander zu tun haben, die nichts verbindet, und die sich folglich auch alles antun können, eilt man aneinander vorbei. Es ist das extreme Gegenteil noch der beiläufigsten Eleganz, deren unauffällige Kunst unsichtbar in entgegengesetzter Absicht ist.

Ich beurteile Städte danach, ob ich besser oder schlechter gelaunt bin, wenn ich vom Brot- oder Gemüsekaufen nach Hause gehe. Ob heiterer oder griesgrämiger, wenn ich im Café war oder mit jemandem im Fahrstuhl gefahren bin. Nach einer Fahrstuhlfahrt mit einem meiner Nachbarn strahlen alle meiner Freundinnen. Das ist offensichtlich jemand, der für jede das passende Kompliment findet. Einige der nettesten Bekanntschaften habe ich auf der Straße gemacht. Früher galt das als völlig unerzogen; natürlich durfte man sich auf der Straße nicht ansprechen lassen oder jemanden ansprechen. Aber ist nicht das der eigentliche Fortschritt der Zivilisation, der Freiheit, der Umgangsformen: dass man Zutrauen und Spaß am öffentlichen Raum hat und nicht alle und jeden vorab als Bestie, Abzocker, Sexprofiteur verdächtigt, sondern Leute sieht, die womöglich aneinander Gefallen finden – einfach so?

Das gilt für alle öffentlichen Räume. Man geht nicht zur Schule oder an die Universität, um sich Fakten eintrichtern zu lassen und das bescheinigt zu bekommen. Universitäten sind – und bleiben, ist zu hoffen – Orte einer Bildung, die sich nicht darin erschöpft, zweckgerichtet, ohne rechts und links zu sehen, erfolgreich einem öden Berufsalltag entgegenzugehen, den man dann, realistisch, »Wirklichkeit« nennt. Bei dieser Einstellung kann die Wirklichkeit ja nur grau und schnöde klein beigeben. Vielmehr geht es in den Universitäten als modellhaften Öffentlichkeiten darum, im lernenden Zusammensein ein erfreuliches, nahezu elegantes Modell für eine interessante, überraschende Wirklichkeit auszuprobieren.

Es ist nicht überflüssig, sondern schön, wenn Studierende einander mit einem eleganten, intelligenten Papier und den Lehrenden mit einer gut geschriebenen Klausur Vergnügen bereiten. Es ist schön, wenn sie an ihren Formulierungen bis zu einer gewissen Eleganz arbeiten, statt jeden, auch den nichtssagenden Satz mit einem selbstbestätigenden »genau« zu beschließen. Das ist jedenfalls in deutschen Landen gang und gäbe geworden. Gemeinsames Lernen ist womöglich deshalb so komplett unterschätzt, weil es eine Eleganz mit sich bringt, welche der egozentrierten, Ich-AG-haften Unförmigkeit der illusionären Selbstaffirmation widerspricht. Nichts schlimmer, als wenn niemand außer dem eigenen selbstüberschätzten Ich da ist, der in der Form der Gegenseitigkeit, in unaufdringlicher Eleganz ein Mitleiden zeigen könnte und vielleicht sogar Rat wüsste?

Im Angelsächsischen, aber auch in vielen romanischen Sprachen, dem Französischen und Italienischen, ist das Wie des Sagens so wichtig wie das Was. Der Ton macht die Musik, ist die deutsche Entsprechung, in der aber bereits der drohende Ton der fehlenden Eleganz mitschwingt. Es käme dort keinem in den Sinn, zu reden, wie einem der Schnabel gewachsen ist. Man arbeitet an einem eigenen Stil, einer im besten Fall sogar überraschenden, auf jeden Fall aber gekonnten Ausdrucksweise. Diskutieren ist Übungssache und macht Spaß wie Sport. Man lernt, auch andere Meinungen mit Verve zu vertreten und sich in die Position des anderen hineinzuversetzen.

Hierarchiedenken und Ausgrenzung – Partnerwahl – junge Blonde für erfolgreiche Anwälte – Nonchalance – heitere Gleichgültigkeit – Schein-Eleganz der Arrivierten – Statussymbole – Markenfetischismus – Off-White – Indifferenz – Stereotypen – Baudelaire – hier und jetzt

Must-have?

Städte sind Räume, die nicht von Hierarchiedenken und Ausgrenzung bestimmt sind. Sie haben das feudale Zeitalter überlebt und eine eigentümliche Widerständigkeit kultiviert, die mit der an den Höfen entwickelten Eleganz wetteiferte und eine städtische Entsprechung darstellte. Als elegant gilt auch dort nicht, wenn man andere nach egotechnischen Kriterien taxiert: Ist die Partnerwahl normenkonform erfolgreich, etwa die junge Blonde an der Seite des älteren erfolgreichen Anwalts? Großstädte leben von der Nonchalance gegenüber den *must-haves*. Es ist eine heitere Gleichgültigkeit gegen die Schein-Eleganz der Arrivierten, die es geschafft haben. Gerade dieses Ausstellen jenes Erfolgs, der die Eleganz zu einem Statussymbol macht, ist alles andere als elegant. Modecodes, welche die Klasse bestimmen, werden in der Großstadt souverän links liegen gelassen: Beige-blau? – kann man. Die Moncler-Daunenjacke mit UGGS und Cuccinelli-Kaschmir im Porsche Cayenne – lieber nicht. Der Markenfetischismus, der an den Schulen grassiert, ist Eintrittsticket zur Un-Eleganz. Dem Mitschüler unter die Nase zu reiben, man hätte sich Off-White geleistet und dabei anklingen zu lassen, der oder die andere trage wohl wahrscheinlich GAP, ist öde; mit Freund oder Freundin ohne Angeberei den Off-White-Hoodie zu teilen, dagegen hübsch. Das Hetzen nach den *must-haves* hat etwas Pubertär-Provinzielles.

Am wenigsten elegant und am wenigsten städtisch ist es, andere zu potenziellen Sexualobjekten zu machen oder so zu karikieren. Ebenso wenig gelungen ist es, einen Mann im Blaumann zu übersehen, weil er vermeintlich nicht ins Gewicht fällt. Es braucht Souveränität, eine heiter amüsierte Indifferenz gegenüber Stereotypen, um sich praktizierter Eleganz anzunähern. Frei und unbeeindruckt zu sein – ob man genügt oder nicht genügt –, macht eine liebenswürdig offene Öffentlichkeit erst möglich. Elegant sind die, die dem Gegenüber ein Gefühl davon geben, auf seine oder ihre Art zur rechten Zeit am richtigen Ort zu sein. Baudelaires Pariser Seele würde, gefragt, wo sie leben möchte, nicht mehr sagen: irgendwo, bloß nicht auf dieser Welt, sondern: genau hier und jetzt, wo sonst?

Pandemie – Pest und Cholera – vom Leib halten – Isolation – *gated communities* – *my home is my castle* – Privilegien – Leben und Liebe – Kacheln – auslachen, flüstern – Tanz auf Treppenabsätzen – Spuren von Eleganz – Mond und Mars – getröstet mitsterben

Das bloße Leben, reiner Terror: **Prepper und andere Paranoide**

Während der Pandemie fiel der öffentliche Raum, diese wunderbare europäische Errungenschaft, weitgehend weg. Wie Pest und Cholera fürchteten wir den zur Lebensbedrohung gewordenen Nächsten. Es war angeraten, sich die anderen so weit wie möglich vom Leib zu halten; nach Lage der Dinge war es das einzig Vernünftige. Dabei zeigte sich allerdings, dass es diesen Wunsch nach Abstand, ja nach Isolation, der jetzt angemessen war, davor und danach mehr oder weniger latent durchaus gibt. Manche igelten sich im Isolationsphantasma des reinen Innenraums ein, den es vor den verderblichen Einflüssen der Welt zu schützen gilt. Das Heim wurde zum uneinnehmbaren Rückzugsort, imaginiert mit hochziehbarer Brücke und ganz tiefen Wassergräben. Nur die virtuelle Welt, die steril ist, sofern man sie nicht anfassen, nicht riechen, nicht berühren kann, kam über die Schwelle.

Gesellschaftsfähig ist diese völlige Isolation, das Aufgeben jedes Miteinanders durch Rückzug und komplette Abschottung, nicht. Mit der Welt so wenig wie möglich in Berührung zu kommen, ist ein Begehren, das dadurch, alles »online« erledigen zu können, ja zu sollen, schlagartig Normalität erlangt hat und sogar Verdienste verdiente. In den *gated communities* von Südkalifornien bis Neu-Delhi kann man ein Lied davon singen, das die britische Redewendung »My home is my castle« bis zur Perversion trieb. Dank Corona wurde die Perversion vernunftgeladen, Eleganz zur lebensgefährlichen Attitüde. Das Haus wurde zur Festung, und als Privileg galt, es nicht verlassen zu müssen. Bringdienste hatten nicht nur getestet zu sein, sondern sich mit Maske auf Abstand zu halten. Elegant von Haus zu Haus hatte keine Chance, obwohl auch das, quasi als Notwehr, als geheime Rebellion, vorkam.

Eine gefeierte Diva der Mailänder Scala sang aus dem geöffneten Fenster ihrer Stadtwohnung die wohl bekannteste Arie aus Giuseppe Verdis *La Traviata: Brindisi*. Zusammen anstoßen auf Leben und Liebe, trinkend, küssend, tanzend die Schönheit feiern, das ging auf dem Höhepunkt der Pandemie sicher nicht. Aus den geöffneten Fenstern um die Piazza herum wollte der Applaus kein Ende nehmen. Spontan kamen dem von der Pandemie gebeutelten Publikum die Tränen. Wahrscheinlich weil elegant aufklang, was wir so schmerzlich vermissten: die Lebensfreude, das Miteinander, das Ausgehen, das Flirten.

Für junge Leute ab dem Kindergarten eine schlimme Zeit, die sich nicht einmal im erwachsenen Unterrichtsleben der Universitäten milderte, sondern die Studierenden in die Kinderzimmer zurücktrieb, ohne Öffentlichkeit, Eleganz-chancenlos. Hörsaal und Seminarraum schrumpften auf Kacheln zusammen, die oft schwarz blieben. Statt des Austausches war die Lehre auf »Faktenvermittlung« reduziert; so viel frontales Sprechen war nie. Ins Wort fallen ging kaum, ein schneller Wortwechsel, eine durch ein paar hingeworfene Worte erreichte Einigung, war nicht möglich. Alles dazwischen konnte man auch vergessen; kein Geflüster mit der Nachbarin, keine Grimassenschneiderei, wenn jemand Blödsinn redete, kein Auslachen aufgeblasener Eitler, keine ironische Seitenbemerkung – all das, was das Veranstalten gemeinsamen Lernens ausmacht, ging nicht, weil jede und jeder allein zu Haus saß. Man macht keine beiläufigen Bemerkungen, wenn man dafür zuerst das Mikrofon anstellen muss und »offiziell« redet. Keine Leichtigkeit, kein Amüsement. Selbst wo gewöhnlich, bedauerlicherweise, wenig Eleganz im Spiel ist, wirkte ihr totales Fehlen, ihre Unmöglichkeit fast skandalös. Man entschuldigte sich diffus für das völlige Fehlen von etwas, das man sonst für überflüssig hielt und nicht zu vermissen meinte. Nicht einmal elegant sein zu können war so frustrierend wie lehrreich.

Natürlich gab es Leute, die öfter als sonst ins Büro gingen, weil es die einzige Geselligkeit war, die blieb. Natürlich haben manche, wenn sie schon die Tage in Jogginghose verbrachten, den Einkauf im Supermarkt dazu genutzt, sich ganz groß, aufregend anzuziehen. Es gab einfallsreiche, kuriose, surreale, sogar elegante Masken, Ton in Ton abgestimmt auf die Kleider, die man trug, mit passenden, raffinierten Ketten. Es gab Streichquartette der Philharmoniker in Hinterhöfen, damit man nicht ganz ohne echte Musik auskommen musste. In Treppenhäusern, im Durchzug und Durchgang, gab es Neujahrsfeiern, mit Tanz auf den Treppenabsätzen; man stellte sich raffiniert gelungene Vorspeisen vor die Tür, um die Einsamkeit zwischen Bildschirmarbeit und Kinderbetreuung in einer gespenstisch leeren Stadt zu erhellen. Erfindungsreich wurde nach den Spuren des eleganten Lebens gejagt. Die Pandemie hat vor Augen geführt, was fehlte, und Eleganz zum Wunsch beflügelt.

Erschrocken indessen konnte man über eine andere Erscheinung sein: die ganz ungeheure Erleichterung, mit der die Isolation manche Zeitgenossen erfüllte. Alles, was das Leben eleganterweise schön macht, war ihnen von der Seele genommen. Sie mussten sich nicht mehr anziehen, mit niemandem mehr reden, nicht mehr vor die Tür gehen, keinen Menschen mehr treffen – vom gesellschaftlichen Leben, das ihnen sowieso nicht lag, zu schweigen. Endlich Zeit für die Familie, für den Partner. So gab es nicht wenige, die den Lockdown genossen haben und ihn nun vermissen. Das mag mit daran liegen, dass diese Menschen in ihrem normalen Alltag vor der Pandemie das elegante Leben nicht als Glück und Freude, sondern als Last und Druck, vielleicht auch als schlicht überflüssig empfanden. Sie verschanzten sich mit ihren Familien auf dem Land und verordneten sich einen gnadenlosen, mittels SUV hochgerüsteten Familien-Egoismus.

Manche wenige trieben dieses Verschanzen auf die Spitze und traten die Flucht nach vorne an: Man legte sich einen Atombunker zu und schloss auch Mond und Mars als Rückzugsorte in die Zukunft nicht aus. Das alles setzt natürlich einen irrsinnigen Aufwand an Logistik in der aktuellen Vorbereitungsphase voraus. Man mag das für übertrieben, ja für verrückt halten, aber es ist passiert. Falls man die Moderne der letzten zweihundert Jahre für das Zeitalter der Eleganz hält, dann kündigt sich hier eine Epoche in Bunker und Weltall an, der die Eleganz kategorial fehlt. Man sieht daran, dass Eleganz kein Ornament ist, sondern einen Begriff von Welt bildet, dessen grundlegende Aspekte bisher beiläufig und unbemerkt blieben.

Die verfehlte Eleganz von alt-adligen Reichsbürgern bis zu neu-steinreichen Weltflüchtigen bezeugt doch den zivilisatorischen Trost, der in der Eleganz liegt. Womöglich sind die am elegantesten, die am Weltende, statt im Bunker dem Wahnsinn zu verfallen oder auf dem Mars in Einsamkeit zu verdursten, getröstet mitsterben.

Semper paratus – Mann ihres Lebens – *there is always lipstick on a rainy day* – Hausputz – Gastfreundschaft – offenes Haus – *ruelle* und Negligé – schönste Stunden – Großzügigkeit – Spaghetti – unterm Dach

Leben mit **anderen**

Semper paratus. Auch die elegante Lebensform ist immer vorbereitet, zur Not auf den Tod, zunächst aber auf das Leben mit den anderen. Jeden Moment könnte man doch den Mann seines Lebens treffen; er biegt vielleicht um die nächste Ecke. Deshalb: nie ohne Lippenstift auf die Straße. Ohnehin fühlt man sich dann besser. Selbst wenn der Himmel für Wochen wie ein Deckel auf der Seele liegt, »there is always lipstick on a rainy day«, wie man sagt. Vielleicht trifft man ja nicht den Mann seines Lebens, den man womöglich schon hat, sondern Freunde, die Zeit haben zum Tee, oder zum Abendessen zu kommen. Dann ist es natürlich ungünstig, wenn alles so aussieht, dass man einen Hausputz starten müsste. Sagen wir, das erhöht doch die Schwelle ins fast Unerklimmbare. Wer elegant ist, ist es in jeder Lage; wer es nur gelegentlich ist, sollte üben. Auch wenn niemand einen sieht, auch wenn niemand zu Besuch kommt, ist es eleganter, sich mit sich selbst und der Welt so ins Benehmen zu setzen, dass immer jemand reinschneien kann. Den Verfall der Eleganz sieht man auch daran, dass wir im Reinschneien keine Übung mehr haben. Als wäre es nicht peinlich, wenn es unangenehm sein muss, dass jemand auf die Idee oder in die Verlegenheit käme, reinzuschneien – oder man selbst auf die Idee kommt, es glatt selbst zu tun. Bei wem man es kann, da ist die Welt doch in Ordnung.

Deshalb war einmal *la ruelle* neben dem Bett, der schmale Raum, bereitet zum persönlichen Empfang enger Freunde, in den kleinen Boudoirs ebenso intim und großzügig zugleich wie das Negligé: gastfreundliche Räume und Kleider, in denen man nicht repräsentierte, ohne auf ein offenes Haus zu verzichten. Eine Form vertrauter, heiterer Halböffentlichkeit. Denis Diderot schrieb im Bett, immer in seinen Morgenmantel gehüllt, dessen Verschliss er herzzerreißend beklagte. Aber dort und darin empfing er die ganze Welt. Ingeborg Bachmann und Patricia Highsmith schrieben im Bett und waren dort auch nicht einsam und verlassen. Elegant sein heißt, auf andere – gegebenenfalls – eingestellt zu sein. Man bereitet sich alltäglich auf das möglichst angenehme Leben mit andern, und nicht auf das einsame Überleben vor.

Es ist das öffentliche Leben in Brasserien, Restaurants, Bars und Kaffeehäusern, das an die Seite des Wohnzimmers, des Salons, des Esszimmers getreten ist. Dieses *supplément* ergänzt in einer anstrengenden Arbeitswelt die Privatwohnung, kann sie aber als Ort der Geselligkeit nie ganz ersetzen. Wunderbar, natürlich, wenn man eine Bar hat, wo man meistens Bekannte trifft und immer etwas zu essen und trinken bekommt. Wo man nicht einen mechanisierten, wie maschinellen Service erleidet, sondern mit Menschen redet. Gastwirte, denen es sogar gelingt, im Corona-Lockdown im Münchener Hofgarten bei Wind und Wetter für Menschen auf Klappstühlchen und Holzbrettern zu sorgen. Trostlos das Leben in der Stadt ohne öffentliche Eleganz der Gaststätten. Trotzdem ist das Leben mit andern zu Hause verbindlicher, intimer.

Nichts ist großzügiger, als immer bereit zu sein, Leute einzuladen, zusammenzubringen. Sie zu verwöhnen, ihnen mit gutem Essen eine Freude zu machen. In solchen Häusern, in solchen Zimmern verbringen wir die ungezwungensten, angenehmsten, schönsten Stunden unseres Lebens, weil man merkt, dass das tatsächlich gern geschehen ist. Meistens, aber nicht immer, sind es Frauen, die diese weltläufige Großzügigkeit und Eleganz haben. Sehr witzig und bezaubernd leicht beschreibt die Modejournalistin Helen Hessel diese großstädtisch kosmopolitische Eleganz: Junge Amerikanerinnen, die eine Wohnung auf der Île Saint-Louis gemietet haben (das war vor dem Zweiten Weltkrieg), kaufen schnell ein Kleid bei Madame Lanvin und laden ihre Freunde zur Soiree ein, wo es nur Berthillon-Eis von unten an der Ecke gibt.

Dann gibt es natürlich auch Leute, meistens Männer, die so geizig mit ihrer Zeit, so beschäftigt mit ihrem Genie sind, dass sie es einfach nichts übers Herz bringen, sie für andere zu verschwenden – einkaufen zu gehen und zu kochen, oder sich überhaupt nur damit zu beschäftigen, wo man was findet. Zu kostbar, ihre Zeit, sie wäre schlicht vergeudet.

Das Wohlfühlen zu Hause bei anderen wird aber natürlich nur erreicht, wenn die Dame des Hauses nicht meint, ihre Quadratmeter, ihren Geschmack, ihre Sonnenterrasse, ihre Kunstsammlung und ihr Nymphenburg-Porzellan vorführen zu müssen. Wenn sie die Eleganz zu einem Statussymbol verdinglicht, ihre Überlegenheit den anderen vor Augen führt, meint, sich als Hausfrau beweisen zu müssen, ist alles meistens sehr anstrengend. Und so sind gerade das offene Haus und die Gastlichkeit schwer in Bedrängnis gekommen. Sicherstes Anzeichen dafür ist das Verschwinden jener Geschäfte aus dem Stadtbild, die alles rund um den Tisch, um das Tafeln anbieten – Porzellan, Tischwäsche etc. Das hängt einmal damit zusammen, dass die bürgerlichen Frauen sich gegen ihre Verdinglichung auflehnen; sie haben einfach keine Lust mehr, in ihrer Eleganz die Kreditfähigkeit oder die Potenz des Haushaltes durch Essenseinladungen auszustellen. Von ihren Männern fühlen sie sich als Hausfrau verdinglicht und in ein Genderkorsett gesteckt. Wir wollen nicht mehr in diese Rolle gesperrt werden, uns in dieser Rolle zeigen, auf diese Rolle reduziert werden. Denn selbst wenn man nicht selbst kocht und alles catern lässt, muss man eben an den richtigen Caterer, die passenden Weine, das elegante *intérieur* und die Tischdekoration denken.

Wenn man auf das gastliche Haus nicht verzichten will, ist es vielleicht am besten, die Frauen, die arbeiten, nehmen das in die Hand. Denn die können es sich doch ganz entspannt leisten und müssen keine Angst davor haben, auf die Rolle der Hausfrau reduziert zu werden. Sie können sozusagen am Herd ihren Mann stehen. Oder die Männer stellen sich in die Küche und führen das Haus. Das würde die symbolische Last einer hässlich gewordenen Geschlechterordnung wegnehmen und alles wäre leichter.

Man kann es dann auch leichter nehmen. Understatement ist elegant, auch was Küche und Kochen angeht, das durch elaboriertes Expertengehabe nicht gewinnt. Denn ums Angeben und ums Vorführen des eigenen guten Geschmacks oder das einwandfreie Haushalten geht es mitnichten, sondern darum, dass sich alle wie zu Hause fühlen. Die lässigsten Gastgeberinnen findet man oft in der kleinsten Studentenbude, notorisch unterm Dach, unter den hart arbeitenden Frauen. Eine Schüssel Spaghetti tut es da auch, wie eine gerade in die *Académie française* aufgenommene Philosophin erzählte. Als Studentin trug sie den Spitznamen *nouille*, Nudel, weil sie immer für alle Spaghetti kochte. Immer bereit zu sein, darauf eingerichtet, Freunde zu empfangen, das ist elegant. Da muss es gar nicht opulent zugehen, sondern kann ruhig einfach sein.

Endlichkeit der Tage – demütige Gelassenheit – selbstverliebte Melancholie – eitles Eigeninteresse – Eleganz, die Kunst glücklichen, schönen Zusammenlebens

Die Eleganz **des Herzens**

Spätestens die Pandemie-geförderten Bunkerszenarien schärften das Bewusstsein für die Endlichkeit der Tage, die immer schon gezählt sind. Eleganz ist das im Leben getröstete Bewusstsein der Endlichkeit, demütige Gelassenheit ohne die Miene der selbstverliebten Melancholie. Sie verachtet das alberne, eitle Eigeninteresse, rettet vor paranoiden Phantasmen, erspart überflüssiges Selbst im Gleichmut jeder Wandlung. Man – ob divers, Frau oder Mann – braucht kein Selbst für sich, solange man in Bezug auf seinesgleichen, ja all seiner Ungleichen, die angemessene Eleganz aufbringt und mit den anderen gemeinsam schön lebt.

Eleganz ist die über Jahrhunderte erprobte Kunst des glücklichen, schönen Zusammenlebens. Sie ist eine Lebensart, die das Eingebunden-Sein über das die anderen zurücklassende, übertrumpfende Erfolgsstreben stellt. Es ist eine beiläufige Kunst, die Kunst des Zu-Gefallen-Seins, des Gefallen-Findens, die im Alltäglichen gelernt sein will und für die es nie zu spät ist.

Anhang

Literatur

Honoré de Balzac, *Die Gesetze des eleganten Lebens*, 1833.

Donald Barthelme, *Robert Kennedy Saved from Drowning*, 1968.

Charles Baudelaire, *Les Fleurs du Mal*, 1857.

Hannes Böhringer, »Die Lässigkeit der Eleganz«, *Lettre International* 105, 2014.

Pierre Bourdieu, *Die feinen Unterschiede*, Original: *La distinction. Critique sociale du jugement*, 1979.

Jacob Burckhardt, *Die Cultur der Renaissance in Italien*, 1860.

Thomas Carlyle, *Sartor resartus: The Retailed Tailer*, 1831.

Baldassare Castiglione, *Il Libro del Cortegiano*, 1528.

Cicero, *Orator*, 46 v. Chr.

Annie Ernaux, *La Honte*, 1997.

Joris-Karl Huysmans, *À rebours*, 1884.

Behzad Karim Khani, *Hund, Wolf, Schakal*, 2022.

Irmgard Keun, *Das kunstseidene Mädchen*, 1932.

Kersten Knipp, *Die Erfindung der Eleganz*, 2022.

Madame de Lafayette, *La Princesse de Clèves*, 1678.

Alain Mabanckou, *Black Bazar*, 2009.

Titus Petronius Arbiter, *Satyricon*, 66 n. Chr.

Marcel Proust, *À la recherche du temps perdu*, 1913–1927.

Ilma Rakusa, *Gedankenspiele über die Eleganz*, 2021.

Jean-Jacques Rousseau, *Julie ou la Nouvelle Héloïse*, lettre 21, 1761.

Ulrich Schulz-Buschhaus, »Stendhal, Balzac, Flaubert«, in: *Französische Literatur in Einzeldarstellungen*, ed. Peter Brockmeier, Hermann Wetzel, S. 7-71, 1982.

Henryk Sienkiewicz, *Quo vadis?*, 1895.

Daniele Tamagni, *Gentlemen of Bacongo*, 2009.

Chrétien de Troyes, *Erec et Enide*, um 1160.

Lorenzo Valla, *Elegantiae*, 1551.

Thorstein Veblen, *Theorie der feinen Leute*, 1899.

Vergil, *Aeneis*, Buch IV, 29–19 v. Chr.

Tariq Zaidi, *Sapeurs. Ladies and Gentlemen of the Congo*, 2020.

Autorin

Barbara Vinken ist Professorin für Literaturwissenschaft an der Universität München. Sie hat zahlreiche Werke zur Literatur der Renaissance und des 19. Jahrhunderts publiziert, darunter *Flaubert. Durchkreuzte Moderne* (2009). Neben ihren wissenschaftlichen Arbeiten hat sie kultur- und geschlechterpolitische Bücher verfasst, darunter *Mode nach der Mode* (1993), *Fashion Zeitgeist* (2004) und der Bestseller *Die deutsche Mutter* (2001). Es folgte *Angezogen* (2014), das für den Preis der Leipziger Buchmesse nominiert war und ihren Ruf als Modetheoretikerin festigte. Dieses kulturelle Engagement hat sie mit der Grazer Vortragsreihe *Verkleiden* (2022) und dem Opernbuch *Diva* (2023) fortgesetzt. Barbara Vinken schreibt unter anderem regelmäßig für *Die Zeit*, die *Neue Zürcher Zeitung* und ist Mitglied der *Buchzeit* bei 3sat.

Impressum

Liebe Leser*innen,
wir sagen Danke, dass wir Sie auf Ihrer Lesereise begleiten durften. Viele weitere Abenteuer, aufregende Geschichten, unverwechselbare Geschenkideen finden Sie auf unserem Abenteuerspielplatz

www.brandstaetterverlag.com

Bleiben wir in Verbindung!
Wir freuen uns auf Ihre Anregungen, Wünsche und Kritiken.

leserbrief@brandstaetterverlag.com

Besuchen Sie uns auf unserer Website!

Christian Brandstätter Verlag GmbH & Co KG
Wickenburggasse 26, 1080 Wien
Tel: +43 1 512 15 43-256

#barbaravinken #eleganz

ISBN 978-3-7106-0690-8

1. Auflage, 2023

Designed in Austria, printed in Europe

Grafische Gestaltung: Capitale Design Studio
Lektorat: Veronika Weiss
Projektleitung: Judith E. Innerhofer

Der Inhalt dieses Buchs wurde auf hochwertigem, FSC©-zertifiziertem Naturpapier gedruckt. Dieses Papier trägt darüber hinaus ein Zertifikat auf dem Cradle to Cradle Certified® Silver Level.

Das Forest Stewardship Council® ist eine internationale Nichtregierungsorganisation, die weltweit eine umweltfreundliche, sozial gerechte und wirtschaftlich tragfähige Bewirtschaftung der Wälder fördert. Cradle to Cradle® zielt auf ein ökologisch verträgliches Wirtschaften in sich wiederholenden Rohstoff-Produkt-Kreisläufen ab.

Für die Druckproduktion und Endfertigung wurde auf umweltfreundliche, ressourcenschonende und schadstofffreie Produktionsweisen und Materialien geachtet. Die Druckerei ist FSC©-zertifiziert und bezieht ihre Energie zu 100% aus umweltfreundlichen, erneuerbaren Quellen; regelmäßige Audits erfolgen im Bereich des Carbon-Footprint-Managements zur Reduktion des CO_2-Ausstoßes. Diese international anerkannten, unabhängigen und regelmäßig überprüften Standards gewährleisten eine umweltgerechte, sozial verträgliche, nachhaltige und ökonomisch tragfähige Nutzung entlang der gesamten Wertschöpfungskette Holz, vom Baum bis zum Buch.